新 版
訓練指導・訓練統制
マニュアル

監修／東京消防庁

公益財団法人 東京連合防火協会
東京法令出版

はじめに

〈訓練指導マニュアル〉

なぜ訓練をするのか？

それは「助けを求めている人を救うため」である。

人を救うためには何が必要か？

それは「精強な部隊作り」である。

精強な部隊を作るためには、どうすればよいのか？

それは「自ら考え、判断し、適切に行動できる隊員」を育てることである。

訓練指導方法に「答え」はない。答えとは何かをあえて挙げるとするならば、それは隊員が確かに育ったという「結果」である。

自らの人生経験・理論に基づいた訓練を実践し、それが正しかったのかチェックし、改善していくことで、己が成長し、部隊が成長する。それが「精強な部隊作り」への第一歩である。

〈訓練統制マニュアル〉

「同じ災害はない」と言われているように、災害現場は千差万別であり、「火災」においても、気象、街区の構成、建物構造、家具等の配置によって、全く同じ火災性状にはならない。千差万別である実災害を、現示旗で完全に表現することは極めて困難である。再現は困難であることを前提とした上で、消防活動技術訓練に臨まなくてはならない。

実災害に即した訓練を実施するためには、想定を作る者、現示する者及び訓練を実施する者が共通の認識で臨む必要がある。

本書は、心理学及び科学的根拠に基づく効果的な訓練指導方法を示し、訓練指導者の効果的な訓練の推進及び定期的な自己点検に活用することを目的とした第Ⅰ部「訓練指導マニュアル」と、訓練における統一事項及び具体的任務を示すことで、よ

り実災害に即した現示及び効果的な消防活動技術訓練の実施を目指すことを目的とした第Ⅱ部「訓練統制マニュアル」で構成されている。

最後になりましたが、本書の製作に当たりご協力いただいた、昭和女子大学大学院教授　山﨑洋史博士、日本ヒューマンファクター研究所　塚原利夫先生、産業能率大学　総合研究所の皆様に、心から感謝の意を表します。

令和3年6月

東京消防庁　警防部救助課

目　　次

第Ⅰ部　訓練指導マニュアル

第Ⅱ部　訓練統制マニュアル

第Ⅲ部　付　録

第Ⅰ部

訓練指導
マニュアル

第1章
訓練指導法

第1節　指導者の心得

　各指導者は、本節を活用して自己点検を定期的に行うことで、効果的な訓練指導に信念を持って取り組むことが必要である。

第1　指導者に必要な条件

1　7つの行動指針

(1)　**常に良い成果をイメージし、部下への期待を胸に秘める**

　　期待を持って指導することで、良い結果が得られる。

(2)　**個性の違いに応じて、柔軟に指導方法を変える**

　　「十人十色」というように、個性は人それぞれ違う。つまり、指導方法は部下の数だけ変わってくる。

(3)　**レベルチェックを行い、実力に応じて段階的に指導する**

　　指導者のやりたい訓練をするだけでは、部下は成長しない。まず、部下のレベルを確認し、そのレベルに合わせた訓練を実施する。

(4)　**初めは小さな一歩から。小さな目標を設定する**

　　能力が低い部下でも、できないことを責めるのではなく、まずはチャンスを与えること。チャンスは、達成できる小さな課題から始めること。

(5)　**訓練指導に意味を持たせ、全体の関連性を理解させる**

　　訓練指導内容に意味を持たせることで、部下の理解度は格段に上がる。また、組織的な観点から自己の立ち位置や考え方を関連付けることで、部下の理解はさらに深まる。

(6)　**善い行動は必ず褒める**

　　部下の行動後に、褒めるか、叱るか、怒るかで、部下の次の行動に大きな関

わりを与える。

⑺　**部下が安心して取り組める環境を確保する**

　　部下が反対意見を言うことに不安を感じない環境、自分の過ちを認められる環境、遠慮なく質問できる環境、新しいアイデアを出せる環境を整える。

①　適　切	②　過度な上下関係	③　対等すぎる
上司の命令に従い、なおかつ遠慮なく意見具申ができる環境	上司の権力が強く、部下が何も意見を言えない環境	上司を立てることなく、好き勝手に意見してしまう環境

図1-1　あなたと部下の関係はどれに該当しますか？

2　7つの心構え

⑴　指導する側に問題があることを常に疑え。

⑵　教えたことが「できる」ようになって、初めて「教えた」といえることを知れ。

⑶　指導には、時間がかかるものだということを知れ。

⑷　「あいつはできない」というのは指導の放棄だと知れ。

⑸　誰にでも得手、不得手がある。不得手な面を知ることで、強力な武器となることを知れ。

⑹　訓練は、隊員とのコミュニケーションを深める絶好の機会であることを知れ。

⑺　指導に限界を感じたときは、早いうちから上司に相談しろ。

再指導

①　**指　導**　　　褒める、叱る、怒る、何もしない

②　**部下への影響**　自信がつく、悔しがる、自信がなくなる、やる気を失う

③　**部下の行動**　　積極的な姿勢、消極的な姿勢

④　**結　果**　　　成長する部下、成長しない部下

※　指導者の指導が、部下の次の行動に直接影響を与える！

図1-2　指導がもたらす部下の行動

第 2 指導者失格の条件

1 言語能力が低い（説明が長くてアピール力がない。）。
2 自分の利益のことだけを考える。
3 本当に強い敵の前で、意思を伝えられない。
4 指導育成において、意思決定がぶれる（発言のつじつまが合わない。）。
5 「譲れない大切なもの」がない。

第 3 立ち姿勢と説明隊形

1　服装点検の意義
　「服装の乱れは、心の乱れ」である。心の乱れは、規律の乱れやあらゆる重大事故へつながる。
　隊員を集合させる際は、自ら服装を点検し、自分自身の気を引き締めて訓練等に臨む姿勢が重要である。

2　訓練時の立ち姿勢
　危険行動に対して直ちに制止できる姿勢であり、次のとおりとする。
　⑴　自信のある態度
　⑵　胸を張って顎を引く。
　⑶　両手は、自然に垂らし手を軽く握る。
　⑷　足は、肩幅より若干広く開いて体重を均等に乗せる。

● 保安帽は地面と平行に被る
● 後ろのリングは内側へ畳む

● 規律、自信のある態度

● 顎当ての位置は真ん中へ
● 顎紐は締め、端末処理をする

● 清潔かつ端正な服装、アイロンがけ

● ポケットに物を入れない

● 上衣、下衣、ベルトの線を合わせる
● ベルトの端末は左ベルト通しから指2本程度出す

● 両手は自然に垂らす

● 手は軽く握る

● 両方の足に均等に体重を掛けて立つ

図 1-3　訓練時の立ち姿勢

3　説明隊形

　指導者の指導を、部下が集中して受けられるよう環境を整える。

(1)　指導者の位置：隊員が風上に位置しているか。隊員から見て逆光になっていないか。

(2)　隊員の配置：十分な空間があるか。

(3)　隊員の視野に注意をそらす物がないか。

(4)　付近に騒音を発生するものがないか。

(5)　暑くはないか。木陰、日陰を利用する。

(6)　寒くはないか。風をよけて集合させる。

(7)　地形に応じた配置を考えているか。

(8)　休憩場所等の準備はよいか。計画的な時間配分をしているか。

第2節　部下の心得

　隊員には、第一線の災害現場において、自己の組織的な立ち位置、役割及び行動目的を明確に理解しつつ、自ら考え、判断し、適切に行動できる能力が求められる。そのためには、継続した自己研さんと担当業務への探究心が必要である。

　また、災害現場を誰よりも肌で感じている者として、上司に明確に状況を伝えられる語彙力及び表現力、各問題に対する意見、解決策を具申する姿勢が求められる。

　これらは、自己研さん及び日常のコミュニケーションによって実現することが可能であるが、指導者との訓練を通じ、自ら主体的に臨んでいくことで、より精強な部隊作りへつなげることができる。

　指導者はこれらを前提にし、本節を活用して部下に自己点検を定期的に行わせ、訓練に臨ませることが必要である。

第 1 　心構え

1　業務に対する自己の役割を理解し、現在の担当業務に対するやりがいを見いだす（全ての経験を自分の糧にする。）。
2　業務を通じて将来の夢を描き、研さんに努める。
3　当たり前のことをちゃんとやる。
4　上司や先輩に対し、「報告、連絡、相談」を積極的に行う。
5　偏りのない考え方で「本当にこれで良いのか？」と疑問を持ち、物事を合理的に捉え、解決策を模索し、上司、先輩、同僚とのコミュニケーションを積極的にとる。
6　指導者の良い面を見る（悪い面ばかり見ていては、自分のためにならない。）。
7　意見・具申は積極的にする。ただし、愚痴ではなく、建設的な意見や具体的な解決策を述べる。
8　納得がいかない指導を受けたときは、上司や先輩が自分のために言ってくれているということをまず受けとめ、そしゃくする。時間がたっても納得がいかない場合は、正直に本人に伝える。
9　業務中においては、年齢の上下よりも階級や役職の上下を重んじる（厳正な規律の確保）。

第 2 確認呼称の意義

1　士気の鼓舞
2　行動の活発化
3　隊員間の連携
4　意思の疎通

第 3 注意すべき要件

　次に該当する職員は、注意を要する。自己点検として定期的に活用する。
1　言われたことしかしない人
2　楽をして仕事をしようとする人。また、そういうことが可能だと思っている人
3　続かないという性格を直さない人
4　すぐにふて腐れる人

第3節　具体的アプローチ方法

第 1 　コミュニケーション

　コミュニケーションは、相手の情緒、感情に沿った働き掛けをすることによって指導が効果的になり、相手の行動を促進させることができる。

1　第一印象が決め手

　　何事も第一印象が大切。初めに作られたイメージは、なかなか壊すことができない。

2　初めの一歩（小さな要求から少しずつ）

　　訓練において、最初から大きな負荷を掛けるよりも、最初は小さな負荷から始め、次第に大きな負荷にしていく方が、効果的である。

3　イメージに乗せて伝える

　　指導内容に良いイメージ（成功した姿など）を持たせることで、効果的な行動を続けさせることができる。

4　反対情報を含む説得

　　指導する際は、悪い面だけではなく良い面も同時に伝えることで、より効果的になる。

第 2 心理に与える影響

1　威光効果（権威の力で、説得力も強まる）

　人は、どうしても権威や信憑性（しんぴょうせい）の高いものに頼る、といった傾向がある。

　指導には、専門知識があり、人間としても信頼できる指導者が適しており、あるいはその指導者の名前を引き合いに出すのが効果的である。

　しかし、権威の高い指導者の指導効果は、日時の経過とともに急速になくなっていく。よって、すぐに結論の出ない事柄（例えば、小隊の活動として玄関から進入するか、裏口から進入するかなど、情報が少なくてなかなか結論が出ないとき）に対して用いると効果的である。

2　批判の後の賞賛は効果的（厳しい人の褒め言葉）

　人は一般に、自分に承認を与えてくれる人を好むものだが、常に承認を与えてくれる指導者よりも、批判的な指導者から褒められる方が、その効果が大きい。初めは厳しく、後にプラスの評価をしてくれる指導者をより好ましく思う傾向がある。

3　指導の意図

　部下を指導するとき、「指導しようという意図」があまりにも顕著であると、かえって反発されることがある。これは、受け手が言いくるめられてしまうのではないかと、最初から防衛的・警戒的になってしまうからである。

4　優越志向

　人は、おだてに弱い。指導するときには、相手の優越感をくすぐったり、相手の名誉欲に訴えることが有効な場合がある（「さすがだね」、「やるじゃないか」など）。

5　同調性志向（日本的「人並み」に訴える）

　日本の国民性として、「みんなそうしているから」といった指導はよく効く。例えば、「あいつはやっているぞ」とほかの隊員の行動を紹介することで、己を知り、訓練に取り組むように変化する。

6　単純接触の原理

　あるものに対して接すれば接するほど、それが好きになるという一般原理がある。

　大切なことは、「うるさい」、「しつこい」と思われても、言い続けることが結果的には有効な説得手段だということができる。

第 3 「やる気」の引き出し方

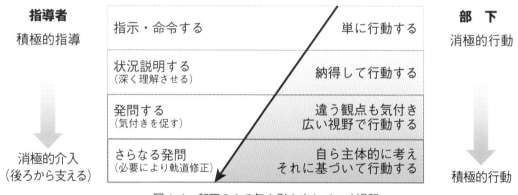

図1-4　部下のやる気を引き出していく過程

1　状況説明

　部下に説明をする際は、「指示」や「命令」をはっきりと伝える必要がある。しかし、理由も分からずに「これをやれ」と言われても、部下としてはなかなかやる気になれるものではない。「これをやる」ことの必然的な状況と理由を理解することができなければ、納得することはできない。

　よって、背景となる状況と理由を伝えることで、部下が納得する一つの要因となる。これは、指導者が部下に指示や命令を与えているのではなく、職場の状況が指示や命令を出しているのだ、という考え方である。

⑴　大局的意味

　部下の役割は、組織にとって大局的にはどんな意味があるのかを伝える。

(2)　部下本人にとっての意味

　　役割を全うし、目標を達成することが本人にとってどんな意味があるのかを伝える。

2　発　問

　　発問とは、指導者が答えを知っている場合でも、部下に考えさせることを目的とした「意図的な問い掛け」のことである。

　　部下は、そもそも主体的に問題を発見し、解決できる能力を持っている。指導者は、部下の自己成長の力を信じて、それを側面から引き出し、支援していくことが必要である。

(1)　発問に際して持つべき意識

　　ア　部下の自立行動を支援する。

　　イ　部下の問題解決能力を育てる。

　　ウ　異なる立場や大局的立場に立ってものを考えさせる。

(2)　発問の方法

　　ア　最初は答えやすいものから、順次難しい発問を行う。

　　イ　体系立った発問を行う。

　　　　こちらの聞きたいことや好奇心だけを優先させるのではなく、部下が考えを整理しやすいように、順番や構造を意識して体系立った発問を行う。

　　ウ　クローズドクエスチョンとオープンクエスチョンを使い分ける。クローズドクエスチョンとは、「はい」か「いいえ」のように、答えの範囲が限られている発問であり、オープンクエスチョンとは、自由に答えられる発問である。

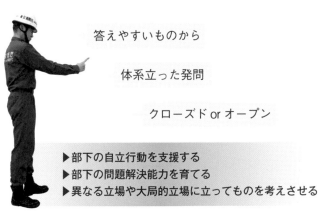

図1-5　発問

第 4 上達への道のり

　何事においても、たゆまぬ努力と訓練が上達の鍵であるが、技能の習得方法については、技能の種類など多くの要因によって異なる。しかし、訓練による効果を見てみると、いくつかの共通した傾向がある。

1　上達の過程（今の私は限界なのか？）

　初期の向上スピードや効果は大きい。ところが回数を重ねていくと、初めの頃の上達速度に比べて思うほど上達せず、「スランプか……」と心配になることがある。

　上達の過程は、図1-6のとおり示され、次の特徴がある。

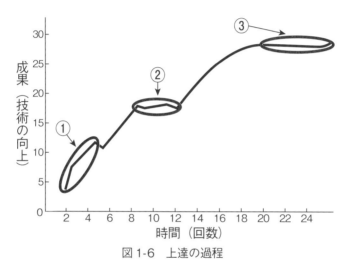

図1-6　上達の過程

⑴　初めに急速に進歩する（①）

　　新しい技能に対する取組意欲・動機付けの効果などによって、初めに急速に進歩することが挙げられる。

⑵　訓練が長期にわたると、スランプと呼ばれる一時停滞する時期が生じる（②）

　　上達の過程で、ある程度まで訓練するにつれて腕を上げていくが、ある時期になるとさっぱり成果が上がらなくなる現象を指している。理由は、作業方法の行き詰まり、動機付けの喪失、疲労の発生などが挙げられる。

　　このとき、上達を焦ってイライラしたり、やる気がなくなったりするが、諦めずに訓練を続けているうちに、新たな方法や上達へのヒントの発見、努力の増大などによって、再び上達することができる。

　　スランプに陥ったとしても、必ず、再び進歩する時がくるということを確信して、途中で諦めてはいけない。

⑶　超えられる限界と、超えられない限界（③）

　　気持ちの限界であれば、努力・根性で克服できる可能性はある。しかし、いくら頑張っても超えることのできない限界があることも知っておくことが大切である。

2　訓練メニューの作り方（部分訓練か全体訓練か）

　　訓練メニューを作る際は、大きく分けて2つの方法がある。

⑴　部分訓練法：技能を細かな要素に分解して、細かい訓練を次第に全体の訓練へと進めていく方法

⑵　全体訓練法：目標とする全体の構造と特徴に留意しながら、最初から全体訓練に取り組む方法

　　一般的には、全体訓練法の方が技能の習得には有利だとされている。しかし、訓練の種類や部下の特徴によっては、部分訓練法を選択した方が効果的な場合もあることから、部下の能力を見ながら訓練法を選択し、全体の関連をつかめるようにしながら訓練を進めていくことが効果的である。

　　なお、難易度の高い訓練については、その部分を取り出して反復訓練し、徐々に全体訓練へ進めていくことが効果的である。

3　訓練時間の配分方法（集中訓練か分散訓練か）

　　長時間続けて訓練をするのが効果的なのか、短時間に分けて訓練をするのが効果的なのか、訓練時間の配分方法は、大きく分けて2つの方法がある。

⑴　集中訓練法：長時間続けて訓練をする方法

　　次の場合に有効である。

ア　訓練内容が、ある程度のウォーミングアップを必要とする場合

イ　訓練内容が、継続した訓練により要領をつかめる場合や、円滑な動きになるような場合

⑵　分散訓練法：短時間に分けて訓練をする方法

　　　次の場合に有効である。

　ア　課題が比較的難しい場合

　イ　疲労や飽きが生じやすい場合

　ウ　間違った癖が付きやすい場合

　訓練時間の取り方は、短く区切ることで効果が上がらない場合があれば、長時間実施することで疲労が増し、集中できなくなって効果が上がらない場合もある。実施する訓練の種類と訓練条件に応じて工夫することが必要である。

4　展示方法と段階的指導

　訓練では、どうやるのか、なぜそうするのかを理解させるため、指導者（先輩等）が自ら展示し、観察させることが効果的である。この場合、初めから難しいことをさせるのではなく、単純なものから難しいものへ、段階的に訓練を実施していく。さらに、展示に合わせて言葉で説明していくことが重要である。

　注意深く観察させ、その印象を頼りに行動させ、それに解説を加えると、要領が分かり、早く確実に上達することができる。また、曖昧な行為の経過をその都度言葉で指摘すると、その言葉が手掛かりとなり、間違いがなく正確に行動できるようになる。

　文字どおり「手取り足取り」指導することが、理解と上達を早めることになる。

5　フィードバック

　通常、何かをすると、その影響が返ってくる。これを「フィードバック」という。

　訓練の習熟の過程においても、通常フィードバックが様々に働いている。このフィードバックを的確に把握することによって、自分の技能の段階を正確に知ることができる。

　しかし、次のような場合には、指導者が直接指導し、部下の支援をする必要がある。

(1)　部下の行動が、明確なフィードバックを生まないような訓練（模索中の時など）

(2)　フィードバックはあっても、部下が気付かない場合

(3)　危険が高い場合（受傷危険が高い訓練など）

(4)　独学では、自己流の癖が付きやすい場合

　直接指導の方法としては、単に言葉で与えるだけでなく、動画を撮影して訓練中の行動を記録し、本人に見せる方法がある。

　記録映像と自身のイメージの間には大きなずれがある場合があり、客観的に自身を見た方が、指導がより効果的になる。

第 5 　訓練指導を効果的に進めるための活力ある職場づくり

　小隊は、組織における最少単位の集団であるが、ある目標に向かって動き始めると、集団規範が生まれ、考えや行動に影響を与える。その集団規範を良い方向に導き、更にはアイデアや創造性、協調など、部下から伝える環境を効果的に活用していけば、相乗効果が生まれ、精強な部隊育成につなげることができる。

1　活力ある職場づくりの方向性

(1)　革新的で創造的な職場づくり

　革新的で創造的な職場とは、ある目標に向かって連帯感を持ってダイナミックに動いている職場である。皆が同じ考えを持って、同じ方向に動いている職場と

いってもよい。

　この職場はピリッとした緊張感ある雰囲気を持っている。そのためには、魅力あるチャレンジングな目標が必要であるし、共有化されていなければならない。

⑵　素直なコミュニケーションができる職場づくり

　職場は、緊張感だけでなく心理的安定感もなければならない。緊張感が持続でき、隊員相互の連携や協力が円滑にいくのも、相互信頼に裏付けられたコミュニケーションや雰囲気の良さといってもよい。

　心理的安定感のある職場とは、相互理解により感情や態度を共有しており、安心感があり、それぞれの意見が自由に言える職場である。

⑶　規律ある職場づくり

　集団の一員である以上、集団の取り決め、ルールに従って行動しなければならない。隊員の行動を規制するものに集団規範があるが、それを公式化したり、明文化したものに規律や規則がある。規律を乱し、規則を破る者が出てくると、集団のまとまりが崩れ、生産性も落ちていく。規律や規則は、組織人として最低限守るべき基本要件である。この規律や規則を守らせることも、集団を維持していくために大変重要になる。

2　活力ある職場づくりのポイント

　指導者として配慮する職場づくりのポイントは、次のとおりである。

⑴　隊員間で共有化する目標を作る。

⑵　個人個人の役割を明確にする（居場所を与える。）。

⑶　達成のプロセスで自由裁量を与える。

⑷　相互作用の場を多く設定する。

⑸　個人的コミュニケーションを多く行う。

⑹　ゲーム感覚を訓練の中に組み入れる。

第4節 訓練推進方策

本節は、消防活動訓練を年間の代表的な事業計画と併せて進めていく上で、効果的な訓練の推進や、指導上の課題の解決を目的として、訓練推進方策を示すものである。

第 1 段階とレベル分け

訓練、演習に関する要綱（昭和54年東京消防庁司令部長依命通達）において、訓練体系の区分を「基本・部分訓練」、「中・小隊訓練」、「総合訓練」の3段階に分類している。

次のとおり、各段階ごとに具体的な訓練レベルを示す。

総合訓練	第3段階
中・小隊訓練	第2段階
基本・部分訓練	第1段階

表 1-1 第1段階（個人技術） 自ら考え、判断し、適切に行動できる隊員の育成

レベル 1	三連はしご取扱い訓練	ホース延長訓練（平面）	放水訓練（ストレート、スプレー注水）	結索訓練、確保訓練（一ひろ巻き等）（腰確保等）
	検索訓練（検索体形、低い姿勢）	搬送訓練（吊り上げ搬送等）	救出訓練（両脇引っ張り救出等）	資器材取扱い訓練（諸元・性能等）
レベル 2	単はしご取扱い訓練等	ホース延長訓練（平面・高所）	放水訓練（てい上）	結索訓練、確保訓練（身体縛着等）（単はしご等）
	検索訓練（連携、時間管理）	搬送訓練（長距離搬送等）	救出訓練（応急はしご救出等）	資器材取扱い訓練（取扱い要領等）
レベル 3	はしご取扱い訓練技術指導	ホース延長訓練（高所・低所）	放水訓練（大量放水等）	結索訓練、確保訓練技術指導
	検索訓練（緊急脱出等）	搬送訓練技術指導	救出訓練技術指導	資器材取扱い訓練技術指導

※ 技能確認等によりレベルチェックを実施し、訓練レベルを決定する。

表1-2 第2段階(中・小隊技術)		中・小隊長の判断力の向上及び精強な部隊作り		
レベル 1	三連はしご取扱い訓練	ホース延長訓練 （１階奥まで）	屋内進入訓練 （早期注水、早期進入）	救出訓練 （応急はしご救出操法等）
	資器材取扱い訓練 （車両の固定等）	判断の訓練 （現場到着時）		
レベル 2	単はしご取扱い訓練	ホース延長訓練 （上階居室奥まで）	屋内進入訓練 （連携、時間管理等）	救出訓練 （完全着装等）
	資器材取扱い訓練 （状況に応じた対応）	判断の訓練 （自ら判断し、行動）		
レベル 3	はしご取扱い訓練 （上階、低所進入）	ホース延長訓練 （延焼中の上階居室）	屋内進入訓練 緊急脱出訓練	救出訓練 （窓枠、４階等）
	資器材取扱い訓練 （代替え案同時並行）	判断の訓練 （不測の事態の判断）		

※　技能確認等によりレベルチェックを実施し、訓練レベルを決定する。

表1-3 第3段階(大隊技術)		大隊長指揮による部隊間の連携力の向上及び精強な部隊作り	
レベル 1	出場訓練	災害実態の把握、 活動方針の決定要領	各隊の連携、 情報共有要領	各種部分訓練
レベル 2	出場訓練 （現場要務）	付加想定を取り入れた一連の活動要領		各種活動訓練
レベル 3	緊急時対応訓練		各種応用訓練	各種想定訓練

第 2 訓練計画

　消防署長は、原則的に毎当番、自己所属の部隊及び隊員に対して訓練を実施させることとしている。訓練計画として、署年度訓練計画及び署月間訓練計画を各署において作成していることから、各署の実状に応じて訓練を推進させる必要がある。

　新任の指導者や、経験豊富な指導者の指導内容に対する定期的な自己点検として、次に訓練計画モデルを示す。

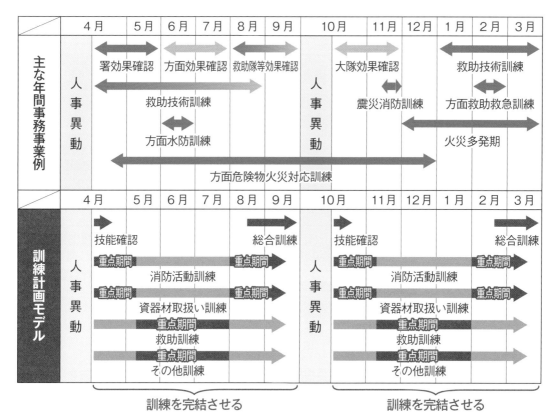

※　異動期による隊員の入替えを考慮し、6か月で一連の訓練を完結させるよう努める。

図1-7　代表的な年間事務事業を踏まえた訓練計画モデル

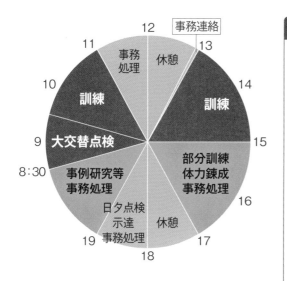

ポイント

- 各業務により計画していた訓練が実施できない場合に対応するため、5〜10分など短い時間で指導できる訓練の腹案を練っておく。
- 全体の訓練計画を念頭に置き、自己隊や部下の実力を把握した上で、必要な訓練の優先度を決定する。
- 通信受付勤務等に支障が出ないよう事前に確認させ、職員間のコミュニケーションを密にとる。
- 各担当事務の内容により、訓練と担当事務の優先度を決定する。
- 各出向業務については、1回で複数の業務が実施できるよう計画を練っておく。出場時の帰署途上も同様である。
- 「時間は作るもの」であることを念頭に置き、日々の業務から訓練時間を確保するよう努める。

図1-8　1日の訓練計画モデル

第 3 訓練手順

　基本的な訓練手順を次に示すが、各指導者は、指導目的・指導目標に応じて柔軟かつ効果的に変更を加える。

計画 → 導入 → 展示 → 実施 → 確認（検証・評価） → 改善・見直し

1 計 画

　　「何をいつまでにどこまでやらせるのか」

⑴　訓練時間を設定する。

⑵　訓練目的を設定する。

⑶　指導目的（指導の狙い）を設定する。

⑷　段階レベルを設定する（必要に応じてレベルチェックから始める。）。

⑸　訓練の到達目標を設定する（訓練時間内における目標及び最終到達目標）。

⑹　指導の到達目標を設定する（訓練時間内における目標及び最終到達目標）。

釘を拾う心に事故はなし。訓練環境の確認と、訓練計画を練る。

2 導 入

　　「心構えをさせる」

⑴　訓練目的、到達目標、訓練時間を明確にする。

⑵　訓練目的、到達目標の意味を強調し、全体の関連性を理解させる。

3　展　示

「やってみせる」

第3節、第4、4のほか、次のとおり。

(1)　行動を徹底的に分解し、要点を含めて具体的に示す。

(2)　要点の中で、特に重要なものだけを抽出し、強調する。

(3)　指導目的に応じて、行動を区切るのか、全体を流して展示するのかを使い分ける。

(4)　五感に訴える。

検索は低い姿勢で行うが、手に体重を掛けてはならない。
なぜなら……

4　実　施

「やらせてみる」

(1)　要点を理解して実施しているか。

(2)　導入、展示に対する誤解がないか。

(3)　重大な事故に発展する危険要因が潜んでいないか（ヒューマンエラー等）。

待て、やり直せ！
（危険行動は躊躇なく制止する。）

5　確認（検証・評価）

「鉄は熱いうちに打て」

⑴　実施中にその都度指導するべきか、実施後に総括して指導するべきか、指導目的に応じて総合的に判断する。

⑵　厳正、公平に行う。

⑶　短所改善、長所伸長を図る。

⑷　善い行動は必ず褒める。

⑸　訓練・指導目標が達成できたのか検証し、良い点・改善すべき点の両方から原因を抽出する。

⑹　指導内容自体が適正だったか検証する。

⑺　訓練・指導目的に応じて記録する（今後の各種検証が可能となる。）。

○○は○○だから良かったぞ!
○○は○○だから改善が必要だぞ!
ポイントは○○だから復唱して覚えておくように!

6　改善・見直し

「次回へつなげる。部下への期待を保つ」

⑴　5⑸から⑺までで抽出した検証結果を基に、次回の訓練計画に反映する。

⑵　フォローを行う。

部下が復習・予習できる環境を整える。録画映像を活用し、支援をする。部下の個人訓練の際、間違った癖が付かないようチェックするなど、部下へのフォローを行う。

⑶　指導者は、「時間は掛かるが、将来きっと立派な隊員に育つ」という期待を胸に秘める。

第2章
訓練モデル

　この章においては、第1章、第4節、第1で定めた訓練レベルについて、それぞれ到達目標を定め、達成するための指導ポイントを具体的にまとめた。

　指導者が連携の取れた精強な部隊を作るためには、個人や部隊の活動技能を把握するとともに弱点を強化する必要がある。個人や部隊の技能レベルに合わせた目標を設定し、繰り返して適切な訓練を重ねることが効果的である。さらに、それによって弱点強化だけでなく、指揮者の達成感、育成力やモチベーションの上昇にもつながっていく。

第1節　個人技術

第 1　はしご（三連・単）取扱い訓練

<table>
<tr>
<td rowspan="3">レベル1</td>
<td>
【三連はしご】
① 諸元・性能を理解している。
② 基本的な三連はしごの架てい及び位置修正ができる。
</td>
</tr>
<tr>
<td>
ポイント　●架てい角度　●架てい長さ　●修正時の握り位置　●修正方法（前後左右）
</td>
</tr>
<tr>
<td>

</td>
</tr>
<tr>
<td rowspan="3">レベル2</td>
<td>
① あらゆる架てい対象物に対し、目的に合った長さで架ていできる。
② 単はしごの架てい及び確保ロープの設定ができる。
</td>
</tr>
<tr>
<td>
ポイント　① ●進入だけではなく、その後の活動（応急はしご救出等）を考慮した長さ、架てい場所
　　　　　　② ●架てい時の荷重確認　●確保ロープ設定方法　●三連はしご登てい時の搬送要領
</td>
</tr>
<tr>
<td>

1回で目的の長さで架
ていできるか
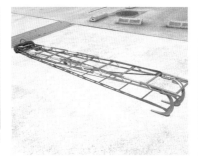 
</td>
</tr>
<tr>
<td rowspan="3">レベル3</td>
<td>
① 狭い開口部や傾斜等の障害があっても、目的に合った長さで安全に架ていできる。
② 三連はしご、単はしごに対する指導ができる。
</td>
</tr>
<tr>
<td>
ポイント　●目的に合った架てい方法の選択　●架てい技術　●指導技術
</td>
</tr>
<tr>
<td>

それぞれの窓に手振り要救助者がいた
ら？　応急はしごのときは？
</td>
</tr>
</table>

第 2 ホース延長訓練

<table>
<tr>
<td rowspan="2">レベル1</td>
<td>① 平面において、車両ポケットから進入口までホース延長が実施できる（水を載せて過度な屈曲がない状態）。
② 送水隊から先行隊へのダブル送水が実施できる。</td>
</tr>
<tr>
<td>

ポイント ●ホースが折れない　●余裕ホースの処理　●媒介金具、中継口カバー取扱い

○ 一回の行動でホース延長ができる　　× ホースが屈曲している
</td>
</tr>
<tr>
<td rowspan="2">レベル2</td>
<td>① ホースカーえい行後、65mm ホースへ二股分岐金具を結合し、上枠の 50mm ホースを延長、自分で筒先を保持し、二股分岐金具の送水コックを開放して水を載せることができる。
② 三連はしごを活用して水が載った 50mm ホースを3階へ搬送し、ホース1本分を吊り上げ、ホースの整理及び落下防止処置が実施できる（地上の支援あり）。</td>
</tr>
<tr>
<td>

ポイント ●ホースが折れない　●余裕ホースの処理　●送水要領

</td>
</tr>
<tr>
<td rowspan="2">レベル3</td>
<td>① 連結送水管送水口から、階段上を手びろめ3本で上下階共にホース延長を実施できる（水を載せても支障がない状態）。
② 連結送水管使用不能時の、上下階へのホース延長が実施できる（吊り上げ、吊り下げ等）。
③ ホース延長に対する指導ができる。</td>
</tr>
<tr>
<td>

ポイント ●ホースが折れない　●余裕ホースの処理　●水を載せてもホースが屈曲しない延長

</td>
</tr>
</table>

第 3 放水訓練

レベル1

① 放水種別ごとの特徴を理解し、基本的な放水が実施できる。
② 放水を継続しながら交代が実施できる。

ポイント ●建物別の流量切替え　●放水種別の特長の理解　●放水姿勢

レベル2

てい上注水が実施できる。地上での支援が実施できる。

ポイント ●注水開始時、圧を徐々に高め、転倒防止を図る
　　　　　●反動力に対する地上での支援

レベル3

① 急激な延焼拡大又は特異な燃焼現象発生に伴う大量放水及び継続注水が実施できる。
② ①実施後、注水を継続しながら脱出ができる。また、検索員として脱出に伴うホース整理ができる。
③ 注水に対する指導ができる。

ポイント ●流量の選択　●流量確保を継続した活動

第 4 結索訓練

<table>
<tr>
<td rowspan="2">レ ベ ル 1</td>
<td colspan="2">各種基本結索が実施できる（半結びの余長含む。）。</td>
</tr>
<tr>
<td colspan="2">

ポイント ●結索のねじれ、緩み　●安全・確実・迅速

</td>
</tr>
<tr>
<td rowspan="2">レ ベ ル 2</td>
<td colspan="2">

① 各種資器材吊り上げ、吊り下げが実施できる（誘導含む。）。
② 身体縛着（要救助者含む。）、背負い結びが作成できる。
③ 状況に合わせた結着が実施できる（角材への結着。荷重横方向での単管結着等）。

</td>
</tr>
<tr>
<td colspan="2">

ポイント ●結索のねじれ、緩み　●安全・確実・迅速

</td>
</tr>
<tr>
<td rowspan="2">レ ベ ル 3</td>
<td colspan="2">

① 三重もやい結びを目隠しをして作成できる。
② 小綱で三重もやい結びを作成できる。
③ 結索に対する指導ができる。

</td>
</tr>
<tr>
<td colspan="2">

ポイント ●結索のねじれ、緩み　●安全・確実・迅速　●小綱で作成する工夫

 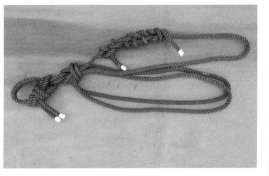

</td>
</tr>
</table>

第 5 確保訓練

<table>
<tr>
<td rowspan="1">レベル1</td>
<td>
① ロープワークを含め、基本的な腰確保、肩確保が実施できる。
② 応急はしご救出の確保が実施できる。
③ 背負い救出の確保が実施できる。

ポイント ●ロープを通す位置　●確保する手の位置　●足の位置　●ロープの余長整理

</td>
</tr>
<tr>
<td>レベル2</td>
<td>
① 単はしご登降時の確保が実施できる。
② 隊員の活動中の落下に耐えられる確保ができる。

ポイント ●ロープを通す位置　●確保する手の位置　●足の位置　●ロープの余長整理
※訓練における受傷事故・資器材損傷防止に十分配意する。

</td>
</tr>
<tr>
<td>レベル3</td>
<td>
① 施設、地物を利用した確保を選定することができる。
② 確保に対する指導ができる。

ポイント ●支点の選定　●指導力
確保三原則 ●安全　●楽に　●適した方法で　　※確保ロープの先には、命がある。

</td>
</tr>
</table>

第 6 検索訓練

<table>
<tr>
<td rowspan="3">レ
ベ
ル
1</td>
<td>検索体形の設定及び低い姿勢で検索が実施できる。</td>
</tr>
<tr>
<td>

ポイント ●1番員、2番員の位置　●命綱の設定位置　●釘の踏み抜き注意（膝・手）

</td>
</tr>
</table>

<table>
<tr>
<td rowspan="3">レ
ベ
ル
2</td>
<td>

① 進入口における適切な資器材の配置、検索準備に伴う各種報告及び隊員間の連携を図ることができる。
② 屋内進入における隊員間の連携及び内部の状況把握ができ、漏れのない検索が実施できる。
③ 空気ボンベの警報器が鳴動する前に計画的に脱出することができる（時間管理）。

</td>
</tr>
<tr>
<td>

ポイント ●資器材の適正配置　●士気　●意思の疎通　●報告すべき項目の網羅　●残圧管理

</td>
</tr>
</table>

<table>
<tr>
<td rowspan="3">レ
ベ
ル
3</td>
<td>

① 目隠しを実施し、位置が不明な状態で、空気ボンベ6MPa以内の消費で緊急脱出ができる（不測の事態発生時の訓練）。
② 検索に対する指導ができる。

</td>
</tr>
<tr>
<td>

ポイント ●壁伝い　●ホース伝い　●方向感覚　●残圧管理　●障害物対策

</td>
</tr>
</table>

第 7 搬送訓練

レベル1	① 2人吊り上げ搬送が実施できる。 ② 消防式搬送法（ファイアーマンズキャリー）が実施できる。 **ポイント** ① ●頭部側は脇を締める　●足部側は外側の脚を内側に入れ、かかとを持つ 　　　　　② ●片方の手を空ける　●要救助者が苦しくない姿勢　●救助員が疲れない姿勢

レベル2	① レベル1の搬送法で長距離搬送が実施できる。 ② 生体を寝かせ、完全脱力した状態から消防式搬送法が実施できる。 **ポイント** ●レベル1に同じ

※持ち上げる際、生体は膝などの関節を完全に脱力させること。

レベル3	レベル1以外の搬送法を含め、搬送法に対する指導ができる。 **ポイント** ●適切な搬送法の判断　●指導力

第 8 救出訓練

<table>
<tr>
<td rowspan="2">レベル1</td>
<td>両脇引っ張り救出、後ろ襟引っ張り救出が実施できる。</td>
</tr>
<tr>
<td>

ポイント ●低い姿勢　●脇を締める　●ボタン・チャック等襟を緩める

</td>
</tr>
<tr>
<td rowspan="2">レベル2</td>
<td>

① 応急はしご救出が確実に実施できる（完全着装含む。）。
② 背負い救出が確実に実施できる（防火衣着装含む。）。
③ かかえ救出が確実に実施できる（完全着装含む。）。

</td>
</tr>
<tr>
<td>

ポイント ① ●ロープワーク　●確保要領　●支点の高さ　●はしご角度
　　　　　② ●ロープワーク　●確保要領　●支点の高さ　●はしご乗り移り
　　　　　③ ●手足の位置　●手足の運び　●脇を締める　●呼び掛け

</td>
</tr>
<tr>
<td rowspan="2">レベル3</td>
<td>

① 危機に瀕している隊員を屋内から救出することができる（互いに完全着装。重量ダミーの活用を考慮する。）。
② 救出に対する指導ができる。

</td>
</tr>
<tr>
<td>

ポイント ●救出方法の選択　●安全対策の確立

</td>
</tr>
</table>

第 | 9 | エンジンカッター取扱い訓練

<table>
<tr>
<td rowspan="1">レベル1</td>
<td>
① 諸元・性能を理解している。
② 基本的な切断が実施できる（高速を保ち、自重で切断ができる。）。
③ 二重の鉄板のドアを三角形に切ることができる。

ポイント▶ ●回転数高速の維持　●自重で切断　●二重の鉄板は深く切断する

</td>
</tr>
<tr>
<td rowspan="1">レベル2</td>
<td>
① 単管を縦に切断することができる。また、三角形に切断することができる。
② てい上でエンジンを始動することができる。
③ てい上で切断ができる。また、確保ロープの設定、確保が実施できる。
④ シャッターの特性を理解し、切断や進入口の設定ができる。

ポイント▶ ① ●切断中の回転数高速の維持　●エンジンカッターの固定
　　　　　② ●自重を生かしたエンジン始動　●横さんを活用したエンジン始動
　　　　　③ ●確保ロープを通す位置　●確保要領

</td>
</tr>
<tr>
<td rowspan="1">レベル3</td>
<td>
① あらゆる状況の玄関ドアを想定した切断ができる。
② エンジンカッターに関する指導ができる。

ポイント▶ ●デッドボルトの切断　●鍵が解錠できない場合の切断　など

　　内側から鍵が抜ける仕組み　　↑ 爪つきデッドボルト
</td>
</tr>
</table>

第 10 資器材取扱い訓練（救助器具、保安器具等）

<table>
<tr><td rowspan="3">レベル1</td><td>① 諸元・性能を理解している。
② 基本的な設定ができる。
③ 基本的な活用ができる。</td></tr>
<tr><td>**ポイント** ●最低限の知識　●最低限の取扱い　●自己の空気消費量の把握</td></tr>
<tr><td></td></tr>
</table>

<table>
<tr><td rowspan="3">レベル2</td><td>① 現場活動における確認事項を理解している（電気系統の切断、車両の固定、漏洩確認等）。
② 基本的な支点の設定ができる。
③ 資器材の活用全般が実施できる。</td></tr>
<tr><td>**ポイント** ●車輪止め、マルチスリング、掛け縄、ウインチワイヤー等の活用　●支点の選定</td></tr>
<tr><td></td></tr>
</table>

<table>
<tr><td rowspan="3">レベル3</td><td>① 現場を想定した一連の活動ができる。
② 付加想定に対応した活動ができる。
③ 資器材取扱いに関する指導ができる。</td></tr>
<tr><td>**ポイント** ●臨機応変な判断　●安全対策の選択</td></tr>
<tr><td></td></tr>
</table>

第2節　中・小隊技術

第 1　はしご（三連・単）取扱い訓練

レベル1	【三連はしご】 　状況に合った架てい位置の選定ができ、今後予想される活動に見合った長さで架ていできる。 **ポイント** ●建物状況　●地盤の状況　●架てい障害　●予想される今後の活動判断 
レベル2	【単はしご】 　単はしごを活用し、上下階への連続進入が安全・確実・迅速にできる。 **ポイント** ●人員選定　●確保位置、姿勢　●ロープワーク 
レベル3	①　三連はしごを活用し、低所へ進入できる。 ②　三連はしごと単はしごを活用し、上階へ進入できる。 **ポイント** ①●地上で全伸てい　●連結着　●架てい後の石突き位置移動 　　　　　②●単はしごに乗り移る際の確保手段 

第 2 ホース延長訓練（全て水を載せ、完全着装した状態）

レベル1

1つのチームにより、玄関口から建物1階奥までホース延長ができる。

ポイント ●ホース送り位置　●検索員の連携　●直列、並列の判断

レベル2

① 1つのチームにより、玄関口から建物2階奥までホース延長ができる。
② 1つのチームにより、三連はしごを活用し、2階（3階）ベランダから屋内進入し、奥までホース延長ができる。
③ 耐火造建物において、濃煙の屋内階段をホース延長し、延焼中の居室の奥までホース延長ができる。
④ 耐火造建物において、連結送水管を活用してホース延長し、延焼中の居室の奥までホース延長ができる。

ポイント ●ホース送り位置　●検索員の連携　●直列、並列の判断

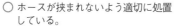

○ ホースが挟まれないよう適切に処置している。　　✕ 送水後、ホースが屈曲している。

レベル3

2階（3階）窓が延焼中の状態で、三連はしごを活用して屋内進入し、奥までホース延長ができる。

ポイント ●2階（3階）窓に、どのように安全対策を確立して進入するか
　　　　　　●検索体形をどの位置でとるか　●緊急脱出対策をどう確立するか

第 3 屋内進入訓練（全て水を載せ、完全着装した状態）

レベル1

早期注水、継続注水とともに早期進入体制が確立できる。

ポイント　●早期ホース延長及び早期注水　●資器材搬送後早期進入準備
●進入目的、確認事項の徹底　●火点一巡、情報収集による活動方針の決定

レベル2

① 屋内進入における隊員間の連携及び内部状況の把握が確実に実施でき、検索漏れのない検索が実施できる（4名乗車含む。）。
② 空気ボンベの警報器が鳴動する前に計画的に脱出することができる（活動時間の管理）。
③ 戸建て住宅2階（3階）において、急激な延焼拡大又は特異な燃焼現象発生に伴う大量放水及び継続注水が実施でき、注水を継続しながら脱出することができる。

ポイント　●延焼面積の報告　●活動危険の有無の報告　●検索完了の報告
●残圧管理　●退路を意識した活動

レベル3

① 戸建て住宅2階（3階）において、急激な延焼拡大等で、直ちに筒先を放棄してホース線をたどって脱出し、迅速に再進入の態勢を整え、進入することができる。
② 耐火造建物において、屋内廊下から延焼中の居室へ屋内進入後、屋内廊下に濃煙が充満した場合の活動拠点変更及び内部進入隊の安全な位置までの脱出等の対応が実施できる。

ポイント　●連携　●活動拠点を変更する際の進入管理　●残圧管理　●ホース整理
●安全対策の確立　●再進入態勢の確立　●障害物対策

屋内廊下の活動拠点が濃煙に包まれ、
拠点を変更している状況

第 4 救出訓練

<table>
<tr>
<td rowspan="1">レベル1</td>
<td>
① 屋内進入訓練とともに、連携して両脇引っ張り救出、2人吊り上げ搬送が実施できる。
② 応急はしご救出、背負い救出の操法が実施できる。

</td>
</tr>
<tr>
<td rowspan="1">レベル2</td>
<td>
① 完全着装した状態で、応急はしご救出、背負い救出、かかえ救出が実施できる。
② 濃煙の窓枠に架ていし、応急はしご救出、背負い救出、かかえ救出が実施できる。

</td>
</tr>
<tr>
<td rowspan="1">レベル3</td>
<td>
【全て完全着装状態】
① 延焼中の区画の2階（3階）窓枠に架ていし、要救助者を救出できる。
② 三連はしごと単はしごを活用し、4階の手振り要救助者を地上へ救出できる。
③ 危険な状態の隊員を屋内から救出することができる（「屋内進入訓練レベル3、①」実施後の救出を含む。）。

ポイント　●どのように安全対策を確立するか　●救出方法の判断
※訓練における受傷事故・資器材損傷防止に十分配意する。

</td>
</tr>
</table>

第 5 資器材取扱い訓練（救助器具、保安器具等）

レベル1

① 現場到着から、基本的な情報収集及び固定、電源遮断等の初動処置が実施でき、救出方法の判断ができる。
② 基本的な支点の選定及び設定が実施できる。
③ 基本的な資器材の活用ができる。

ポイント ●基本的な活動の習熟

レベル2

状況に応じた判断、対応ができる。

ポイント ●臨機応変な判断　●資器材取扱いの習熟

レベル3

代替案を同時並行して準備できる。

ポイント ●安全対策の確立　●複数の資器材の取扱い

第 6 判断の訓練

<table>
<tr>
<td rowspan="3">レベル1</td>
<td>
① 指揮者：現場到着時の火点一巡、情報収集により、活動方針を決定することができる。
② 隊員：指揮者の下命に対し、資器材搬送や進入準備が確実に実施できる。
</td>
</tr>
<tr>
<td>
ポイント ●具体的な活動方針の決定、下命 ●進入口の選定
</td>
</tr>
<tr>
<td>

</td>
</tr>
</table>

<table>
<tr>
<td rowspan="3">レベル2</td>
<td>
① 指揮者：状況に応じた判断及び活動方針の変更ができる。
② 指揮者：具体的な活動手順を簡潔に指示できる。
③ 隊員：指揮者の意図をくんで活動を展開し、隊員間の密接な連携及び確実な状況報告が実施できる。
④ 隊員：指揮者に対し、建設的な意見を具申することができる。
</td>
</tr>
<tr>
<td>
ポイント ●下命内容の簡潔性、具体性 ●活動の効率化
</td>
</tr>
<tr>
<td>

</td>
</tr>
</table>

<table>
<tr>
<td rowspan="3">レベル3</td>
<td>
① 指揮者：不測の事態に直面した際の判断ができる。また、活動の建て直し方法を選択できる。
② 隊員：隊員同士で良好なリーダーシップを発揮できる。
</td>
</tr>
<tr>
<td>
ポイント ●臨機応変な判断 ●安全対策の確立 ●連携
</td>
</tr>
<tr>
<td>

</td>
</tr>
</table>

第3章
訓練・演習時における安全管理

第1節　安全意識

　訓練・演習時における安全管理の目的は「訓練・演習時に受傷者を出さない」ことである。受傷者を出さないためには、適切な安全管理が求められる。

　本節は、安全への考え方を述べることで、適切な安全意識を醸成することを目的としている。

　各指導者、安全主任者等は、本節を踏まえ、適切な安全管理に臨まなければならない。

第 1　リスク管理

　「リスク」とは「目的に対する不確かさの影響」（JIS Q 31000:2010）と定義されている。

　例えば、高所で不安定な環境下で消防活動訓練を実施する場合、「目的」とは「実災害に対応できる消防活動技術の向上」である。「不確かさ」とは「高所で不安定な環境下において、危険への理解が十分に満たされていないこと」である。「影響」とは「期待されていることから、好ましくない方向に逸脱すること」である。

　「リスク」の語源は、ラテン語で「勇気ある挑戦」、イタリア語では「勇気を持って試みる」である。これは昔、遠方の国々と交易するためには主に海上輸送に頼っており、そこには「勇気ある挑戦」をもってしなければ達成できない多くの危険（商人の持ち逃げ、海賊の出没、嵐による難破、海流による漂流）があったことに由来する。これらの危険と戦わなければ、生活の糧となる交易が成り立たなかったということである。

　一方、「萎縮安全」という言葉がある。「何かあったら大変だ」、「やってみてうまくいかなかったら責任を取られる」と考え、チャレンジしようとせず、防御や受け身

に入り消極的になることである。

　これらのことを訓練に置き換えれば、「落下危険のある訓練は危ないから実施しない」のか、「危ないことを共有し、安全対策を講じた上で訓練を実施する」のか。どちらが適切なリスク管理といえるだろうか。

　リスクは、あらゆる場面において潜在化しており、絶対になくなるものではない。そしてリスクを避けた場合、目的を達成することができなくなるおそれがある。

　以上を踏まえると、訓練隊員は「リスクと戦う」ことを共通の認識として持っていなければならない。これがリスク管理の根本的な考え方である。

第 2 安全管理

　安全とは「受け入れ不可能なリスクから開放されていること」（ＩＳＯ）と定義されている。

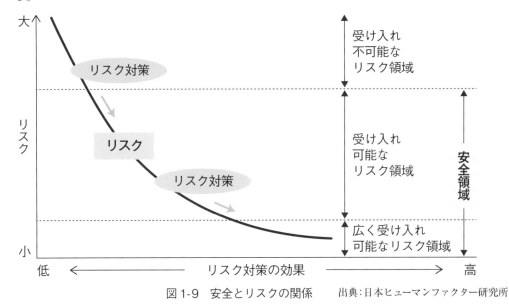

図1-9　安全とリスクの関係　　出典：日本ヒューマンファクター研究所

図1-9及び定義のとおりだとすれば、「絶対に安全」という領域はなく、常にリス

クが潜在していることになる。このことから我々は、「受け入れ可能なリスク」なの
か「受け入れ不可能なリスク」なのかを見極め、リスクを管理して訓練に臨むことが
求められる。これが「安全管理」である。

第3　正しく恐れる

　「正しく恐れる」の語源は「ものをこわがらな過ぎたり、こわがり過ぎたりするの
はやさしいが、正当にこわがることはなかなかむつかしい」（寺田寅彦随筆集：第五
巻／岩波書店）から来ているといわれている。その真意は「正当にこわがること」
は「なかなかむつかしい」ことであり「正しく恐れていれば余計な心配はいらない」
ことにはならないということである。

　例えば、「落下危険がある訓練を実施するが、墜落制止用器具を着装しているから
心配はいらない」と考えるのではなく「落下危険があるため墜落制止用器具を着装す
るが、着装方法や使用方法が不適切だった場合は事故に至る可能性があることを認識
し、適切に使用する。また、適切だったとしても器具の不具合により機能が十分に発
揮されない可能性もあるため、あえて危険を冒す動作ではなく、安全確実を確保した
上で迅速性を高める動作を心掛ける」と考えることこそ「正当にこわがる」ことであ
り、「正しく恐れる」ことではないだろうか。

　正しく恐れるためには2つの条件が必要である。すなわち、「恐れる対象の正しい
情報」と「恐れる対象への適切な安全対策」である。しかし、両者ともに本当に正し
いのかどうかは、簡単に証明できることではない。思いもよらないリスクが必ず潜ん
でいるからである。だからこそ「なかなかむつかしい」と表現しているのだ。

第4　気の緩み

　消防活動中は、常に意識が張りつめている状態だが、緊張状態から開放された途端
「気が緩む」場合がある。

　「気の緩み」が生じやすいのはどのようなときかというと、仕事が完了して「やっ
と終わった」という気持ちが生じる時であり、例えば訓練終了時などである。訓練の
ために緊張を維持し、そこで指揮者から「想定終了」の指示が出ると「やれやれ」と
ばかりに気が緩んでしまう。そのときに高所活動などで不安定な状況にある場合は
「気の緩み」から事故の発生につながるおそれがある。

　激烈な火炎に直面し、これに対し必死に活動している時は、誰でも精神は高揚し、

頭脳はフル回転し、神経も張りつめている。だが、「無事延焼を阻止することができた」と思った途端に気が緩んでしまうのが、人間の特性である。

　一つの活動が終わる頃や、訓練終了時には、指揮者が声を掛けて意識の活性化を促す。

　「勝って兜の緒を締めよ」とは、この「気の緩み」のことをいっているのである。

第2節　具体的安全管理手法

第 1 　安全主任者の役割

　安全主任者は、所属における訓練・演習時の安全管理の責任者としての見地から、訓練内容及び訓練環境の点検を実施し、安全管理上の不備について、訓練計画者等に指導・助言等を行うことで安全を確保し、効果的な訓練・演習となるように努めなければならない。

　安全員に対しては、訓練・演習計画の樹立時から全般に関与させるとともに、安全員が形式的な存在にならないよう任務の重要性を自覚させる。

　また、訓練・演習開始前に全ての安全員を集合させ、各担当面における危険要因を周知し、認識を統一した上で訓練・演習に臨まなければならない。

第 2 訓練・演習環境（施設・場所等）の事前確認

　建物や訓練施設、装備及び資器材等に不備・欠陥がある場合、あるいは機能不全等がある場合は、事故の発生危険が高い。こうした状態を「不安全状態」という。

　まず、危険を察知する能力を高め、更には予知・予測できるよう感性を高める必要がある。

1　事前点検

　安全主任者は事前に、訓練・演習場所に出向し、施設・場所等の安全点検を行う。

2　潜在危険性を洞察

　事前確認では、施設・場所等の訓練内容との関係、訓練実施者の練度との関係、あるいは訓練実施者数との関係などから具体的に推察し、事故発生要因の潜在危険性を洞察する。

3　安全措置

　事前確認の結果、場所（面積・地形・環境等）が不適と認められた場合は、場所を変更するなどの措置をとるとともに、施設に不備・不適が認められた場合は、補強あるいはその他の安全措置について、施設管理者等に報告・助言等を行う。

第 3 姿　勢

1　安全意識の率先垂範

　人間は、面倒なことや手間が掛かることを省きがちである。悪い条件が重なり合うと受傷事故につながり、省略行為に基づく受傷事故の発生となる。

　安全管理の効果を高めるために重要なことは、まず、安全主任者等が「身をもって行動で示し、安全管理の重要性を示す」ことである。

　安全主任者等が「口で言うだけ」であって、行動が伴わなかったらどうだろうか。自ら手本を示すように、「指差し呼称」や「適切な行動」をすることによって、隊員を感化し、安全な行動への動機付けとなるのである。

※　**「安全管理をしっかりやれ」では曖昧で分からない**

　「しっかりやれ」と言う以上は、何を「しっかり」やるのか、そして、どのように「しっかり」やるのか、それぞれ具体的な指示が必要である。

　例えば、「上部の瓦の落下に注意」、「下部の段差に注意」と言えば、誤りなく全員が理解できる。

2　私情の排除

　受傷事故を防止するに当たって、最も戒めることは、先輩、後輩、階級の上下、好き嫌い等の私情にとらわれることである。

　純粋に技術的見地からなされるべき安全管理業務に、指示する側、される側とも私情の入りこむ余地はない。「結索部が緩んでいるが、先輩だから……」、「あの安全員は階級が下だから聞く必要はない」など、私情にとらわれることが重大事故につながる。

　これらの弊害を排除するためには「指示する者」と「指示される者」の双方が、一歩誤まると重大事故につながることを強く認識していなければならない。

第 4 安全管理方法

1　監　視

　隊員の注意の範囲は、経験値や安全管理意識によって様々であり、その場の置かれた状況によって異なるが、激しく活動している場合などはAで示したように、狭い範囲の注意に陥りやすい。Bは、隊員を囲む大きな範囲の注意であり、安全管理意識が高く、余裕を持って活動している隊員であれば、Bの範囲まで注意を広げているだろう。

　安全主任者と安全員は、これを踏まえた上で監視し、自らAに陥らないよう安全管理意識を広く持ち、隊員等が激しく活動している状況や、活動が一段落して集中力が切れやすい状況下においては、特に注意を働かせ、監視する必要がある。

2　制　止

　安全主任者等は、単に表面上の危険性にとどまらず、潜在危険を発見し、事故の未然防止を図らなければならない。

　訓練隊への制止は、瞬時に判断し、決断することが求められる。

　安全員等が自ら三連はしごを確保する行為や、屈曲した延長ホースを整理する行為及びベランダ部分に進入する隊員の体をつかんで進入を補助する行為は、訓練隊員が補助されていることに気が付かず、「この活動で間違っていない」と考え、災害現場においても同じ行動を取り、受傷危険を誘発させる極めて不適切な行為であることを認識するべきである。

　よって、「その行動を継続することで、受傷及び機器損傷に発展すると判断した場合」に制止し、是正させる。また、緊急止むを得ない場合で、確保しなくてはな

らない状況においては、躊躇することなく確保する。その際に「大事な訓練を止めるわけにはいかない」と私情を挟み、訓練隊に是正させないということがあってはならない。

不適切な例

活動の補助をしてしまっている。

確保後、是正させることなく訓練を継続させてしまっている。

3　資器材撤収時

　訓練終了後の資器材撤収時においても、受傷、機器損傷事故が発生していることから、撤収完了までが訓練であることを強く認識し、安全管理を継続しなくてはならない。早期撤収が必要な場合は、安全員を必要最小限に減員し、一時任務変更（安全員用チョッキを離脱し、撤収係員に変更）するなど、明確にする。

　また、夏季においては、熱中症に十分配意することを忘れてはならない。

保安帽を着装しないで資器材を撤収している。

安全員が全員撤収に加わっている。早期撤収が必要な場合は、一時任務変更するなど、任務を明確にする。

第 5 　目で見る検討事項

安全主任者の後方でホース延長をしている。

安全主任者は全体を把握できるようにし、局面は安全員を配置する。

安全主任者等が重なっている。

報道関係者が訓練隊員と接触する危険がある。

安全員の配置位置や監視範囲を明確にし、具体的に指示する。

報道関係者が立ち入れる範囲を明確にする。

安全マットを配置していない。

高所における訓練時は、安全員等が安全マットを配置する。

安全主任者は、訓練計画点検時に、安全マット配置の必要性に気付いていなければならない。

　安全員の後方で、放水している。
　安全員は後方にも気を配り、活動に支障がない場所で監視する。

　安全員が訓練隊員から目を離している。
　適切な立ち姿勢を継続し、気を緩めてはならない。

　安全員が全員撤収に加わっている。
　早期撤収が必要な場合は、安全員を必要最小限に減員し、一時任務変更（安全員用チョッキを離脱し、撤収係員に変更）するなど、明確にする。

第3節　日常の安全教育等

　安全管理は心に訴えることが原点である。次の事項にとらわれることなく、消防署の実情に合わせ、交替時点検、ミーティング、示達教養等の機会を捉え、積極的に安全教育を推進する。

第 1　事例研究、危険予知訓練

　消防活動や訓練・演習に潜む危険要因を話し合い、考え、教育する場であり、日常的に行うことで一人ひとりの安全意識の向上につながる。また、隊長にとっては、瞬時に活動方針を決定する訓練の場ともなる。

1　安全教育教材
　⑴　実務資料（警防部－警防課－安全管理、安全対策（動画））
　⑵　四半期ごとの職員の受傷事故発生状況及び再発防止対策の通知
　⑶　重大な受傷事故発生時の通知
2　実施要領

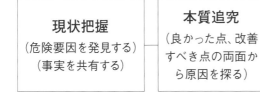

現状把握	本質追究	対策樹立	目標設定
（危険要因を発見する）（事実を共有する）	（良かった点、改善すべき点の両面から原因を探る）	（対策を立てる）	（危険要因を認識した活動への反映）

第 2　4S運動

　4Sとは、「整理、整頓、清掃、清潔」の4つの頭文字を取った言葉で、習慣化されると職員の安全意識が高まり、業務の効率化につながる。

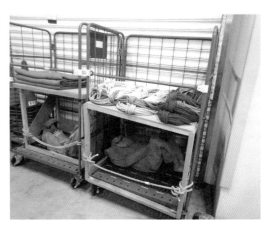

整理・整頓・清掃・清潔 → 安全意識の向上 ➡ 業務の効率化

第 3 　ツール・ボックス・ミーティング（ＴＢＭ）

　所属の小隊単位で行う短時間会合のことで、仕事の範囲、段取り、作業のポイントなどの打合せを通じ、潜在する危険要因と、それに対する留意点などの共通認識を図る。

　安全活動で最も古くから行われているもので、工具箱の上に座りながら話し合ったことが語源となっている。

第 4 　指差し呼称

　指差し呼称には次の効果があり、積極的に実施し、効果を最大限に発揮する。

1　指差しにより、脳の活性化と覚醒の維持を促す。
2　指差しにより、チェックを必要とする対象に確実に目を向ける。
3　呼称により、耳で確認し記憶が強化され、エラーを防止し不安を低減できる。
4　訓練参加者相互の安全確保及び意思疎通を容易にする。
※　指差し呼称をすると、誤りの確率が６分の１になる。（鉄道総合技術研究所：検定実験結果より）

第Ⅱ部

訓 練 統 制
マニュアル

第1章
訓練統制マニュアルの概要

第1節　訓練統制マニュアルとは

　訓練統制マニュアルは、訓練想定等を現示する側（以下「コントローラー」という。）が訓練を実施する側（以下「プレーヤー」という。）に対し、実災害に即した状況を提供するために必要な統一事項（以下「ルール」という。）や任務等について定めたものである。

訓練場所の設定、
想定の現示と付与、
訓練内容の評価

コントローラー（訓練を統制する側）　　　　　プレーヤー（訓練を実施する側）

図2-1　訓練を統制するためのイメージ

第2節　訓練統制マニュアルを活用する訓練

　本マニュアルは、小隊、中隊、大隊訓練を対象とする。ただし、基本、部分訓練では人員に応じ、本マニュアルを部分的に準用して訓練に反映させる。

第3節　訓練実施上のルール

　ルールについては、訓練、演習に関する要綱（以下「訓練、演習要綱」という。）に示す「現示旗等の基準」（p.70）、消防活動基準及び本マニュアルのとおりとする。ただし、訓練目的に応じて、コントローラーとプレーヤーが共通のルールの下、実施する訓練を妨げるものではない。

| 第4節 | 訓練統制マニュアルを活用する上での人員編成等 |

第 1 コントローラーの編成

　コントローラーは、訓練、演習要綱に定める統裁者及び統制班に準じ図2-2のとおり編成する。

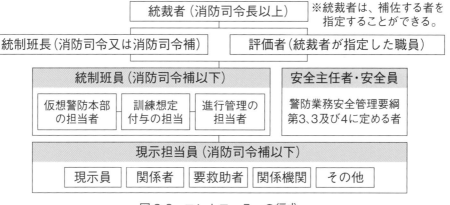

図2-2　コントローラーの編成

第 2 訓練区分におけるコントローラーの人数

　訓練区分に応じたコントローラーの人数の目安は、表2-1のとおりである。訓練想定の内容、付加事例、要救助者数等に応じ、人数を増減する。

表2-1　コントローラーの人数の目安

訓練の区分／コントローラー等	大隊訓練	中隊訓練	小隊訓練
統 裁 者	○　1名		
評 価 者	1隊につき ○　2〜3名	★　1名 統制班長との兼務が可能	★　1名 評価者、統制班長、統制班員との兼務が可能
統 制 班 長	○　1名	★　1名 評価者との兼務が可能	★　1名 同上
統 制 班 員	○　3名	○　1名	★　1名 同上
現 示 担 当 員	○　8〜16名	○　2〜4名	○　2名
安全主任者又は安全員	○　4〜8名	○　2名	○　2名

★は、他のコントローラーとの兼務が可能である。

第 3 コントローラーの任務等

職　名	任　務　等
統裁者	ア　任務 　(ｱ)　訓練統括 　(ｲ)　訓練目的の策定及び訓練目標の設定 　(ｳ)　訓練想定の確認 　(ｴ)　訓練の一時中断・中止等の判断 　(ｵ)　訓練全体の評価と検証 イ　配置場所 　　訓練全体の流れが把握できる場所 ウ　留意事項 　　訓練中に不測の事態が発生した場合は、躊躇^{ちゅうちょ}なく訓練の中断等を指示する。
統制班長	ア　任務 　(ｱ)　訓練の目的に基づく訓練想定及びルールの策定 　(ｲ)　統制班員、現示担当員等の選定 　(ｳ)　統制班員、現示担当員等に対する訓練想定の説明とルールについての教養 　(ｴ)　訓練全体の統制と進行管理 　(ｵ)　訓練想定及びルール徹底状況の管理 　(ｶ)　その他必要な事項 イ　配置場所 　　訓練全体の流れが把握できる場所 ウ　留意事項 　　訓練中に不測の事態が発生した場合は、躊躇なく訓練の中断等を指示する。
統制班員	ア　任務 　(ｱ)　統制班長の補佐 　(ｲ)　統制上必要な合図 　(ｳ)　訓練想定の進行管理 　(ｴ)　訓練想定及びルール徹底状況の管理 　(ｵ)　その他統制班長が必要と認める事項 イ　配置場所 　　統制班長と同場所で任務を遂行する。 ウ　留意事項 　(ｱ)　訓練進行上必要な書類を準備する（訓練想定、訓練時間の管理表等の訓練に係る書類は、各統制班員が確認できる位置に用意しておく。）。 　(ｲ)　各コントローラーの任務を把握する（各統制班員の任務は全て関連していることから、他のパートの任務を把握して円滑な訓練想定の進行に努める。）。

現示担当員	ア　現示員 　(ア)　任務 　　　a　想定の付与（文字、口頭、写真等を活用） 　　　b　危険行為に伴う訓練の停止 　　　c　現示旗の付け替え 　　　d　発煙筒の点火、消火 　　　e　障害物等の設定、移動 　　　f　訓練終了後の資器材の撤収 　　　g　その他統制班長の指示事項 　(イ)　配置場所 　　　統制に便利な位置 　(ウ)　留意事項 　　　a　複数の現示担当員が同時に任務を遂行することから、任務分担を明確にして事前確認を確実にしておく。 　　　b　時間の計測を行う者は、時間管理のタイミングを失しないよう特に留意する。 　　　c　プレーヤーへ適宜的確な状況の伝達をする。 　　　d　各種訓練資器材等の取扱いに習熟する。 　　　e　プレーヤーの活動の支障にならないよう配慮する。 　　　f　プレーヤーの放水、資器材の取扱い等による受傷事故に十分注意する。 　　　g　各種事故防止に十分注意する。 イ　要救助者、関係者、関係機関 　(ア)　任務の概要 　　　想定の付与 　(イ)　配置場所 　　　統制に便利な位置 　(ウ)　留意事項 　　　現示員の留意事項に同じ。
評価者	ア　任務 　(ア)　プレーヤーの活動の評価 　(イ)　訓練統制状況の検証 イ　配置場所 　　評価に便利な位置 ウ　留意事項 　(ア)　プレーヤーとの距離に配慮する。 　(イ)　危険行為に伴う統制を行う。 　(ウ)　救助人員や活動時間のみで、評価の優劣をつけない。
安全主任者	ア　任務 　(ア)　訓練、演習計画の点検 　(イ)　施設、場所等の訓練環境の事前確認

安全主任者	(ｳ)　使用資器材の点検状況の確認 (ｴ)　安全に関する着眼事項の指導助言 (ｵ)　安全員の配置及び統括 (ｶ)　安全監視、危険要因の排除、不安全行動に対する制止等 イ　配置場所 　　直ちに制止等ができる位置、安全員を統括できる位置 ウ　留意事項 　(ｱ)　転落危険の伴う訓練には、墜落制止用器具、安全ネット、安全マット等を活用し、安全措置をとる。 　(ｲ)　安全員との連絡体制を確保する。 　(ｳ)　不安全状態及び不安全行動がない場合は、手を出して活動の支援をしない（例：ホースを整理する。三連はしごを押さえる。隊員の乗り移り時に、身体を支える等）。 　(ｴ)　撤収中も安全監視、危険要因の排除、不安全行動に対する制止等を怠らない。 　(ｵ)　直ちに制止等ができる姿勢を継続する。
安全員	ア　任務 　(ｱ)　安全主任者の指示による、担当面の安全確保 　(ｲ)　安全監視、危険要因の排除、不安全行動に対する制止等 イ　配置場所 　　直ちに制止等ができる位置 ウ　留意事項 　　安全主任者の留意事項に同じ。

第2章
訓練統制を行うまでの準備

　「段取り八分」といった言葉があるように、訓練においても事前準備が重要である。

　統制班長は、訓練目的の策定、コントローラーの任務分担をはじめ、実災害に即した訓練想定の策定など、用意周到な事前準備を行う。

　なお、訓練を行うまでの主な流れは、次のとおりとする。

1　訓練目的の策定、目標の設定

　いかなる訓練においても、目的や目標が明確でなければ訓練に時間を費やしても効果は期待できない。定められた訓練目的、訓練目標を踏まえた訓練の実施が不可欠である。

2　訓練概要及びイメージ図の策定

　統制班長は、訓練想定を策定するに当たり、訓練概要のポイントを明確に掲げるとともに、イメージ図を作り、訓練の全体像を描く。

3　統裁者の確認

　統制班長は、プレーヤーの規模や技術レベルに見合った訓練の概要、イメージ図等が策定できた時点で、統裁者の確認を受ける。

4　訓練想定の策定（想定図の策定を含む。）

　統制班長は、統裁者の確認後、具体的な訓練想定の策定に着手する。

　訓練想定は、ルール等を活用し、より実災害に近いイメージが提示できるように策定する。

5　コントローラーの編成及び選定

　実災害に即した訓練想定の策定とともに、コントローラーの編成は重要な要素である。

　統制班長は、訓練を確実に進行するためにも、プレーヤーに対して的確にコントロールできる統制班員、現示担当員等を選定する必要がある。

6 統裁者の確認

統制班長は、訓練想定が策定された時点で、統裁者による再確認を受け、必要な修正を行った後にコントローラーへの説明に移行する。

7 コントローラー等への説明

統制班長は、統制班員と現示担当員等の意思統一を図るため、事前に次の内容を伝達する。

(1) 訓練の目的、目標

(2) 各自の担当任務の説明

(3) 訓練のスケジュールと進行要領

(4) 安全管理を含めた実施上の留意事項

(5) 訓練、演習要綱や関係通知等との整合性の確認

(6) 審査表の確認

(7) その他必要な事項

プレーヤーの状況判断力を高めるため、原則としてブラインド（訓練想定を事前に周知しないこと）とする。

なお、訓練実施上の統一事項等の周知が必要な場合は、プレーヤーへ確実に周知する。

8 訓練会場の設営

訓練会場は、訓練想定、ルール及び訓練実施上の統一事項が確実に反映できるよう設営する。

なお、訓練会場の設営時期は、訓練規模、想定内容によって異なるが、天候等

の影響を受け設営が予定どおりに進行しないことも考慮し、訓練実施日以前に余裕を持って行うことが望ましい。

9　事前準備の最終確認

統制班長、統制班員及び現示担当員は、訓練想定、訓練施設、資器材等について、任務ごとに最終確認を行う。訓練を実施する上で問題がなければ、統裁者の確認を受け、訓練の開始に備える。

第3章
訓練の進行

　統制班長は、訓練を安全かつ効率的に進行させるとともに、確実な現示を行うよう現示担当員を統括する。

　訓練の進行は、次のとおりとする。

1　安全点検及びルール等の確認

　コントローラーは、訓練前に警防業務安全管理要綱（令和5年東京消防庁警防部長依命通達）に示す「訓練・演習時の安全基準」に沿って点検を行うとともに、ルール、担当任務についての最終確認を行う。

　また、訓練当日は、訓練開始前の最終確認を行う時間を考慮し、時間に余裕を持って集合する。

2　コントローラー間の通信体制及び通信機器の機能確認

　　確実な通信体制を確保することは、訓練の統制を行う上で特に重要である。統制班長及び統制班員は、現示担当員、プレーヤー間双方の無線波の統一状況、無線機の電池残量（予備電池含む。）など、細部にわたり確実に確認する。

3　コントローラーの配置状況及び現示に活用する資器材の準備状況の確認

　　統制班長は、統制班員、現示担当員及び安全主任者等が所定の位置に配置完了されたかを確認するとともに、必要な資器材が準備されているか確認する。

　　なお、担当面に配置されている統制班員の中から責任者を指定し、準備状況を統制班長に報告させる。

4 プレーヤーの資器材準備状況の確認

統制班長及び統制班員は、プレーヤーの人員、資器材等について訓練の実施が可能であるか確認する。また、準備が整い次第、訓練が開始されることを伝達する。

5 統裁者の確認

統制班長は、コントローラーとプレーヤー双方の準備が整った段階で、統裁者に訓練準備が完了したことを報告し、訓練を開始する。

なお、訓練中においても、現示、安全管理等が適切に機能しているか確認し、必要に応じた人員の増強、任務変更に配意する。

6　プレーヤーへの訓練想定の付与

　統制班員及び現示担当員は、プレーヤーに対して指令書、無線機又は拡声器により出場を指令し、訓練を開始する。

7　評価の実施

　評価者は、プレーヤーの活動について、訓練内容の評価を行う。審査表がある場合は、それに掲げる項目に基づき実施する。

　また、「鉄は熱いうちに打て」といった言葉があるように、訓練実施直後の指導は、プレーヤーに余韻が残っているうちに指導ができるというメリットがあることから、直接的な指導に配意する。

8　訓練の終了

　　訓練は、想定の所期の目的が達成された時点で終了する（統裁者に確認を行う。）。

第4章
評価の在り方

　本マニュアルに基づく訓練では、評価者がプレーヤーの活動を評価し、推奨事項、検討事項をプレーヤーにフィードバックすることで、後の訓練及び現場活動等に反映することを目的としている。

　評価者は、客観的かつ厳正な評価を行わなければならない。

1　ルールの徹底状況及び審査項目に基づき評価する

　評価者は個人の主観にとらわれることなく、ルール及び審査表に基づき客観的に評価を行う。ルール及び審査項目を無視した行動は、評価しない。

2　訓練中の演技的な部分を評価しない

　実際の現場では行われない活動（活動を停止させて行う著しいアピール等）は、評価しない。評価者は、ルール及び審査項目に基づき、活動内容の質を見極めた評価をしなければならない。

3 要救助者の早期救出、指揮板記入の早期完成を過大に評価しない

要救助者の早期救出は、消防活動訓練では重要な評価要素である。しかしながら、救出を急ぐあまり、要救助者の不完全な縛着やカラビナを反転しない活動、要救助者に対する粗雑な活動は、評価しない。また、指揮活動より指揮板の記入に傾注することについても同様である。

評価者は、安全、確実、迅速な活動が伴ってこそ適正で高い評価に結び付くものであることを十分に認識しなければならない。

第5章

訓練ルール

第1節　現示旗等の基準

現　示		現示旗等の表示、形状及び寸法	基　準	運用方法	摘　要
火炎の表示	1単位		屋内進入による火勢制圧には、面体着装及び有効な注水が必要 　表示された区画内の「4分の1」が延焼中	1　表示された旗のある区画内及び場所の状況を示す。 2　火災の進展、消防力の投入状況等により現示を変化させる。この場合、有効な注水に限り、火炎の表示を下位の単位又は「濃煙・熱気」に変える。 3　注水時間を訓練施設及び訓練想定に応じて事前に設定する。 4　延焼状況等を考慮し、屋内への進入を統制することができる。	1　表示は開口部及び必要により屋内又は屋外に表示する。 2　旗の形状は共通とする。 3　旗の寸法は、90cm又は60cmの正方形とする。
	2単位		屋内進入による火勢制圧には、面体着装及び有効な注水が必要 　表示された区画内の「2分の1」が延焼中		
	3単位		屋内進入による火勢制圧には、面体着装及び有効な注水が必要 　表示された区画内の「4分の3」が延焼中		
	4単位		屋内進入による火勢制圧には、面体着装及び有効な注水が必要 　表示された区画内の「全面」が延焼中		

煙の表示	白煙		屋内進入には、面体着装が必要	1　火災の拡大傾向時における旗の推移は、時間経過により「白煙」「濃煙」「濃煙・熱気」及び火炎の表示に変える。 2　火災の終息傾向時における旗の推移は、適切な活動状況に合わせ火炎の表示を「濃煙・熱気」及び「うす煙」に変える。 　なお、「うす煙」は不適切な活動状況により「濃煙・熱気」に変える。 3　「うす煙」は熱気が排除されたのちの、消火が必要な区画に表示する。 　なお、一時的な放水停止による状況確認等を実施する。 4　活動状況により、「濃煙」を「白煙」に変えることができる。 5　中性帯は、注水又は開口部の開放状況により「濃煙」又は「濃煙・熱気」に変える。 6　注水及び筒先配備の対応が必要でなくなった時点で現示を中止（旗を撤去）する。	1　表示は、開口部及び必要により屋内又は屋外に行う。 2　旗の形状は、共通とする。 3　旗の寸法は、90cm又は60cmの正方形とする。 4　「うす煙」の表示部分では、現示担当員等の統制により、面体着装しないこともできる。
	濃煙		屋内進入には、面体着装及び放水可能な筒先が必要		
	濃煙・熱気		屋内進入には、面体着装及び有効な注水が必要		
	うす煙		屋内進入には、面体着装及び状況に応じた注水が必要		
	中性帯		中性帯が生じ、低姿勢で屋内の見通しが可能		

行動障害等の表示	シャッター		シャッターが閉鎖され、進入不能の状態	1　実物の障害等を設定できない場合に表示する。 2　破壊等により行動障害及び危険が排除された場合は、現示旗を撤去する。また、必要により「煙の表示」又は火炎の表示に変える。 3　「ガス漏洩」及び「フラッシュオーバー危険」は、必要により火炎の表示に変える。	1　円の縁取り及び円内の図柄の縁取りは、黒色とする。 2　旗の形状は共通とする。 3　旗の寸法は、90cm又は60cmの正方形とする。
	暗所		照明器具等を使用しないと行動が困難な状態		
	落下物		瓦、ガラス等の落下危険がある状態		
	床抜け		床が燃え、床抜け、床の抜け落ち危険などがある状態		
	電気障害		感電危険がある状態		
	ガス漏洩		ガスの漏洩及び爆発危険がある状態		
	フラッシュオーバー危険		フラッシュオーバー又は吹き返し危険がある状態		

その他の表示	水損		水損の発生又は発生のおそれがある状態	特定の部屋、家具等、水損防止処置を必要とする箇所に表示する。	旗の寸法は、90cm又は60cmの正方形とする。
	関係者		占有者、管理者、所有者等の災害に関係する者	関係者要員が着用する。	チョッキ式とし、地は白色のナイロンメッシュ生地、文字は黒色とする。
	要救助者		消防隊による救助を必要とする者	1　要救助者要員が着用する。2　意識の有無、負傷部位及び程度を表示する。	チョッキ式とし、地は黄色のナイロンメッシュ生地、文字は黒色とする。

第2節　現示に関するルール

1　白　煙

　屋内進入には、面体着装が必要

白煙のイメージ
① 　延焼している建物やその隣棟において、白煙が流れてきている状態
② 　火点が特定できない状況で、白煙が漂っている状態

　面体を着装し、中隊長等の一時的な屋内進入による内部確認を可能とする。
　消火や検索を目的とした屋内進入時には、チームで活動する。
　なお、チームとは、進入管理者、筒先担当員及びバディシステムを組んだ検索員をいう。

内部居室の表示

2　濃　煙

　屋内進入には、面体着装及び放水可能な筒先が必要

濃煙のイメージ
　煙が充満し見通しが悪く、熱気は感じられない状態

　屋内進入は、チームで活動する。

3　濃煙・熱気

屋内進入には、面体着装及び有効な注水が必要

濃煙・熱気のイメージ

耐え難い熱気及び濃煙が充満し、見通しが悪い状態

屋内進入は、チームで活動する。

天井部分にストレート注水を実施した後、状況に合わせた注水（燃焼実体が現示された場合はストレート注水。燃焼実体が確認できない場合はスプレー注水）を継続し、低い姿勢で進入する。

現示旗のイメージ

4　うす煙

屋内進入には、面体着装及び状況に応じた注水が必要。ただし、コントローラーの統制により、面体着装しないこともできる。

うす煙のイメージ

① 熱気が排除された後、煙があり、残存火源がある状態
② 熱気が排除された後、煙がなくなり、残存火源がある状態

「うす煙」が掲示された際は、注水を一旦停止し、破壊活動等により残存火源を確認する。残存火源や注水目標を確認した際は、注水を実施し消火する。

現示員は、訓練用標示灯等を活用し、残存火源や注水目標を現示する。残存火源がない場合は現示旗を撤去し、状況に応じて口頭により「表示なし」と指示する。

５　火　炎

屋内進入による火勢制圧には、面体着装及び有効な注水が必要

　屋内進入は、チームで活動する。

天井部分にストレート注水を実施した後、燃焼実体への継続注水を実施しながら、低い姿勢で進入する。

　コントローラーは、努めて訓練用標示灯等を活用し、燃焼実体を現示する。

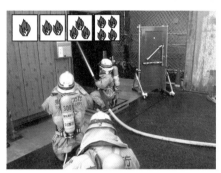 

６　火炎の表示に伴う延焼面積

　「１単位」は表示された区画の４分の１、「２単位」は２分の１、「３単位」は４分の３、「４単位」は全面が延焼している状況を示す。

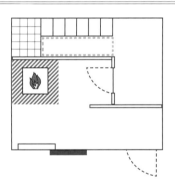

区画の４分の１が延焼している。

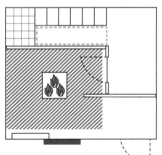

区画の４分の３が延焼している。

7　現示旗掲示方法

「火炎の表示」、「煙の表示」の掲示方法は次による。

① 「火炎の表示」、「煙の表示」は、屋内に掲示する。ただし、火煙が激しく噴出している
箇所の開口部(屋外側)には、「火炎の表示」、「煙の表示」を掲示する。

② 開口部（屋外側）に掲示する「火炎の表示」、「煙の表示」は、屋内の延焼状況と連動（注
水により屋内の火勢、煙が収まれば屋外の現示旗を取り除く。）させる。

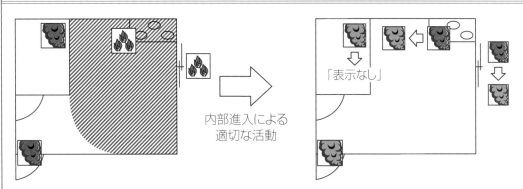

内部進入による
適切な活動

「表示なし」

屋内の火煙拡大に伴い、屋外に火煙の噴出がある場合には、開口部に「同じ単位」を掲
示する。

✕ 不適切な掲示例（延焼経路が不明確）

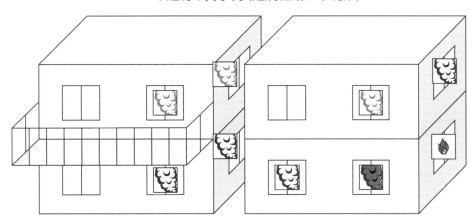

隣棟への延焼危険を現示する場合は、火炎の表示を隣棟側の区画へ掲示するなど、プレー
ヤーが迷うことのないよう現示する。

8　担当区画

　現示員の担当する区画については、次による。
① 　区画ごとに、「火炎の表示」、「煙の表示」を掲示する。
② 　区画ごとに、活動状況に応じて現示旗を推移させる。

①
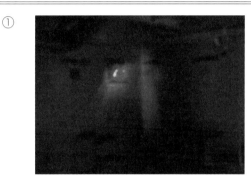
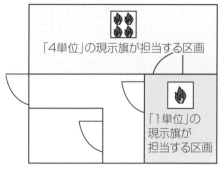

「4単位」の現示旗が担当する区画

「1単位」の現示旗が担当する区画

訓練用標示灯を活用した燃焼実体の掲示例　　屋内に現示旗「4単位」、「1単位」を掲示した例

　現示旗の「火炎の表示」を推移させる時間については、訓練目的、訓練内容、訓練規模等に応じて、あらかじめコントローラーが決定する。

②
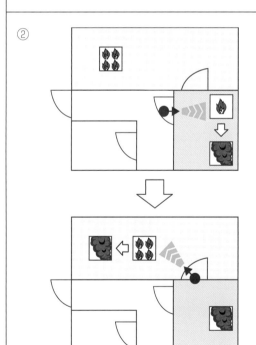

　燃焼実体への有効注水により「濃煙・熱気」に推移させる。

区画ごとに活動状況に応じた掲示を行う。

　単位は1単位ずつ下げるほか、活動状況に応じて「4単位」から「1、2単位」又は「濃煙・熱気」へ下げることが可能である。
　「火炎の表示」が掲示された区画は、訓練目的に応じて進入制限をかけることは可能であるが、その場合は現示員が進入可能範囲を明確にすること。また、現示員の指示がない場合は、進入制限はないものとする。

9　フラッシュオーバー

フラッシュオーバー危険のイメージ

①　フラッシュオーバーに発展していく可能性のある兆候

②　フラッシュオーバーが、直ちに発生する兆候

【①の兆候】

　現示員が現示旗を1本掲示することで、①の兆候とする。

　屋内で活動する隊員は、周囲の活動隊員への周知及び中小隊長等への報告を行い、大量放水及び継続注水により火勢を抑制する。

　現示員が適正な活動だと判断した場合は、現示旗を「濃煙・熱気」又は「火炎の表示」に変更し、「フラッシュオーバー危険なし」又は「抑制可能」など、必要に応じて口頭で指示する。

　現示員が適正ではない活動であると判断した場合や、訓練目的に応じて火勢の抑制を不可能な状態にする場合は、「延焼拡大」又は「抑制不可能」など、口頭で指示する。この場合、屋内で活動する隊員は、注水を継続させながら安全な位置まで退避する。その後、現示員は訓練目的に応じたタイミングで、現示旗を「火炎の表示」に変更し、プレーヤーの進入を可能とする。

【②の兆候】

　現示員が現示旗を2本掲示することで、②の兆候とする。

　屋内で活動する隊員は、継続注水等を中断し、直ちに筒先を放棄して安全な位置まで退避する。

　その後、現示員は訓練目的に応じたタイミングで、現示旗を「火炎の表示」に変更し、プレーヤーの進入を可能とする。

屋内に掲示

屋外に掲示

【①の兆候】

　現示員が現示旗を1本開口部に掲示することで、①の兆候とし、訓練目的に応じて屋内にも掲示する。

　屋外にいる中隊長等は、屋内で活動する隊員への周知及び指揮本部への報告を行い、大量放水及び継続注水により火勢を抑制させる。火勢が抑制できない場合は、注水を継続させながら安全な位置まで退避させる。

【②の兆候】

　現示員が現示旗を2本開口部に掲示することで、②の兆候とする。

　屋外にいる中隊長等は、屋内で活動する隊員へ周知し、直ちに筒先を放棄して安全な位置まで退避させる。その後、現示員は訓練目的に応じたタイミングで、現示旗を「火炎の表示」に変更し、プレーヤーの進入を可能とする。

10　中　性　帯

　中性帯が生じ、低姿勢で屋内の見通しが可能

中性帯のイメージ

①　屋内が延焼中で、中性帯がある状態
②　屋内に熱気又は煙があり、中性帯がある状態

　姿勢を低くして、要救助者の有無、延焼状況及び階段の位置、各区画の状況等を確認する。
　現示員は、プレーヤーが注水を実施した場合や、訓練目的に応じたタイミングで、現示旗を「濃煙」又は「濃煙・熱気」に変更する。

11　ドア施錠中

　ドア施錠による進入不能の状態

　プレーヤーが施錠確認を実施した時点で、コントローラーが口頭等により「ドア施錠中」と指示する。
　エンジンカッターを活用する場合、切断者は火花の状況により、顔面保護板のみの設定で切断することが可能である。
　なお、切断完了後、直ちに屋内へ注水できる態勢を確保する。

12　発煙筒・スモークマシン

① 　現示旗と併せ、発煙筒、スモークマシーンを活用して煙を表現する。
② 　発煙筒「赤、黄」については、コントローラーが必要に応じてフラッシュオーバーの
　 兆候や激しい延焼のイメージとするなど、統一したルールの下で表現することは可能で
　 ある。

13　要救助者

　「濃煙・熱気」、「火炎の表示」が掲示されている区画に、歩行可能者は配置せず、意識が
ない要救助者（訓練用ダミー）を配置する。

○　　　　　　　　　　　　　　　　　 ×歩行可能者を「濃煙・熱気」に配置
　　　　　　　　　　　　　　　　　 　 している。

14　現示旗の推移

　現示旗の推移については、次による。

① 「濃煙・熱気」まで拡大した区画は、適切な活動により「うす煙」に変更し、残存火源を現示する。

　残存火源がない場合は、「うす煙」を撤去し、「表示なし」とする。この場合、「濃煙」及び「白煙」には変更しない。

② 「うす煙」を表示した区画は、不適切な活動により、再び「濃煙・熱気」に変更する。

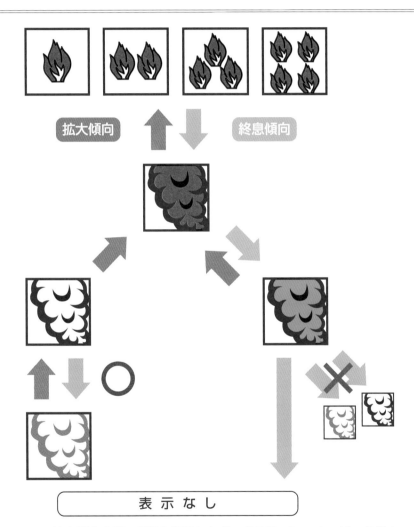

　※ 拡大傾向の際、「煙の表示」から、「フラッシュオーバー危険」又は「火炎の表示」に推移させることは可能である。

　※ 終息傾向の際、小規模な区画では、「濃煙・熱気」から表示なしに推移させることは可能である。

活動全般に関するルール

1　出　場　①

　椅子に座って待機（事務室のイメージ）、自己隊車両内で待機（出向中のイメージ）など、訓練目的に応じた待機状態とする。

　コントローラーがプレーヤーに対して訓練開始前に提示できる主な事項は、災害概要、活動隊数、車両の発進位置、隊員の待機位置、活用する水利、訓練建物の活用範囲等とする。

2　出　場　②

　出場指令は、コントローラーが、出場指令書、無線機、拡声器等で付与する。
　複数隊が訓練に参加する場合、出場順はコントローラーが訓練開始時に伝達する。

3　出場 ③

　火災出場時の装備（防火衣、空気呼吸器等）は、通常の積載状態とするなど、訓練目的に応じた状態とする。

積載例　　　　　　　　着装例　　　　　　　　✕ 車両のドアを開放したまま
　　　　　　　　　　　　　　　　　　　　　　　　車両のそばで着装すると、
　　　　　　　　　　　　　　　　　　　　　　　　頭部受傷の危険がある。

4　開口部開放

①　延焼している建物の開口部を開放する際は、中性帯を確認しながら開放する。
②　開放直後は、開口部付近の正面では活動しない。

○ 開口部を避けて面体を着装している。　　✕ 開口部正面で面体を着装している。

5 進 入 時

「濃煙・熱気」、「火炎の表示」が掲示されている屋内への進入は、天井部分にストレート注水を実施する。

○ 安全・確実な屋内進入のため、危険要因を排除する。

× 火点室内への進入準備中、1線目の注水準備が整っている状況であるにもかかわらず、全く注水せずに検索体形が整うまで待機している。延焼拡大中の状況では、危険要因を排除し、早期に注水を実施する。

6 低い姿勢

① 「濃煙・熱気」、「火炎の表示」、「中性帯」が掲示されている室内の床面から、一定の高さに展張したネット、ロープ等により、中性帯や熱気層を現示した場合、隊員は当該ネット等の高さより姿勢を下げて活動を実施する。
② 現示員は、火災の推移に応じて変更、撤去する。

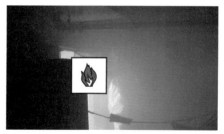

ネットを活用した場合

ロープを活用した場合

7　三連はしご登降

次の手段により、登降を可能とする。
① 　下部確保
② 　先端結着　※片側のみでも可（進入方向制限）
③ 　上部確保

　先端結着により進入している状況。片側のみ結着する場合は、結着した反対側から進入する。

8　上階窓進入

① 　「白煙」が掲示された場合は、筒先を準備しないで限定的な活動（開口部付近での活動）を実施することができる。
② 　「濃煙」が掲示された場合は、放水可能な筒先を区画内に確保し、活動する。
③ 　「濃煙・熱気」、「火炎の表示」が掲示された場合は、外部から進入することはできない。
④ 　「白煙、濃煙」が掲示された場合、要救助者や活動隊員の視界を確保する目的で、地上又はてい上等において、スプレー注水をすることは可能である。

× 「濃煙・熱気」の区画に進入しようとしている。

「火炎の表示」のイメージ

9 ベランダ（バルコニー）

「煙の表示」のイメージ

延焼している区画から、ベランダ（バルコニー）へ煙が流れている状態

① 「白煙」が掲示された場合は、筒先を準備しないで活動することができる。拡大傾向へ変わる可能性がある状況では、地上等で放水可能な筒先を構えていれば活動できる。

② 「濃煙」が掲示された場合は、地上等で放水可能な筒先を構えていれば活動できる。

③ 「濃煙・熱気」、「火炎の表示」が掲示された場合は、外部から進入することはできない。

④ 「白煙、濃煙」が掲示された場合は、要救助者やプレーヤーの視界を確保する目的で、地上又はてい上等において、スプレー注水をすることは可能である。

「火炎の表示」のイメージ

「濃煙」のイメージ

○ 地上で筒先を構えていれば活動可能である。

× 「濃煙・熱気」に進入している。

10　上階窓活動拠点

　上階窓活動拠点については、次のルールで活動する。

① 「白煙」が掲示された場合は、地上から見える上階窓付近において活動拠点を設けることができる。

② 「濃煙」が掲示された場合は、地上において活動拠点を設ける。

○ 援護注水は必要に応じて実施してもよい。　　○

11　1線目進入範囲

　早期に屋内へ注水を実施する目的で1線目が進入する場合は、適切な進入管理の下、進入管理者から見える位置まで進入することができることとし、見えない位置への進入は、「白煙」が掲示された区画内のみ実施できる。

　なお、適切な進入管理とは、進入管理者が屋内進入隊員の行動を完全に掌握するとともに、屋内進入隊員が内部の状況をいつでも報告することができる態勢をいう。

進入管理者から見える位置まで進入できる。

「白煙」が掲示された場合は、見えない位置でもその区画内へ進入することができる。

12　2線目の準備判断

① 「3、4単位」が掲示された場合は、2線目を必要とする。

② コントローラーは、訓練目的に応じて1線での対応や、2線等での対応を指示することが可能である。

③ プレーヤーは、指揮者の判断により2線目等を準備することが可能である。

1線のみで対応可能である。

「3単位」以上が掲示された区画は、2線目を準備する。

第Ⅲ部

付　　録

参考1 現示旗等が表すイメージ

※ 詳細な定義は、70ページ参照

火炎の状態

白煙の状態

濃煙の状態

濃煙・熱気の状態

94

うす煙の状態

中性帯が生じ、低い姿勢で屋内の
見通しが可能な状態

フラッシュオーバー又は
「吹き返し危険」がある状態

フラッシュオーバー発生直後の状態

「感電危険」がある状態

		シャッターが閉鎖され、進入不能の状態
	 「ガスの漏洩_{えい}」及び「爆発危険」がある状態	
		「瓦の落下危険」がある状態
		「崩落危険」がある状態
		「床抜けによる転落危険」がある状態

参考2 災害をイメージするための現示例

1 資器材等を活用した現示例

実火災の写真を活用し、延焼状況を表した例

写真を加工し延焼状況を表した例
（林野火災）

林野火災訓練において絵、発煙筒を効果的
に活用し、火災を現示した例

外壁に「内部の状況」を表示し、
ベランダと内部の現示を明確にした例

現示旗に「屋根裏」と表示し、
屋根裏や軒裏を現示した例

訓練用標示灯を活用し、残存火源及び燃焼実体を現示した例

装飾用ＬＥＤライト等を活用し、火点及び
注水目標を現示した例

養生ネットを活用し、熱気層や延焼拡大の
危険を現示した例

コンクリートパネル（コンパネ）、訓練用標示灯等を活用し、天井や壁体内の延焼経路や
残存火源を現示した例

2　補足説明による現示例

この○○は
床抜け危険箇所を示す。

このロープの高さより
低い姿勢で活動せよ。

※　必要により、プレーヤーから見える場所に貼るな
　　どして、周知徹底させる。

3　訓練塔に細工を加える現示例

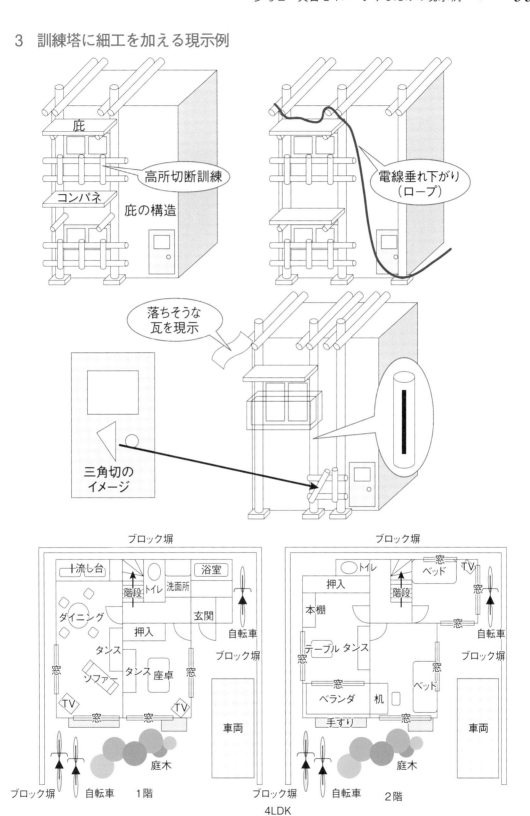

※　より現実的な建物内部（間取り、設備）、街区及び隣棟間隔を再現（収容物については、廃品を活用し設定する。）

参考3	現示コントロールのための訓練場所の レイアウト例

防火造建物密集地における火災対応時

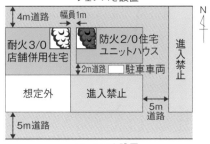

イメージ写真

1　訓練の目的

(1)　整理・整頓されたホースの延長要領

(2)　狭あい部分におけるはしご搬送と架てい要領

(3)　効果的な延焼阻止要領

(4)　他隊との連携要領

2　主な準備資器材

(1)　道路部分を示す資器材

　　単管、単管ラック、セーフティーコーン、セーフティーバー等を活用し、訓練場所を実災害現場に近いレイアウトにする。

(2)　隣接建物

　　移動式バラック等

(3)　障害物

　　車両、破壊用の障害物等（単管、シャッター等）

訓練に反映させる想定例

1　フェーズごとの主な想定

項　目	内　　容	チェック欄
出場時	(1) 出場指令の伝達（無線、出場指令書で行う。）	
	(2) 出向隊の情報付加	
	(3) 建物情報（木造密集地区、特殊消防対象物、警防計画に定める建物等の情報）	
	(4) 風位、風速、警報等の気象に関する情報	
	(5) 延焼中、要救助者あり、サイレン吹鳴配慮等の情報	
	(6) 要救助者等の情報	
出場途上	(1) 要救助者ありの情報	
	(2) 延焼中の情報	
	(3) 交通障害等（3分以上の遅延、交通事故等途上のトラブル）	
	(4) 要救助者等の情報	
	(5) 危険物施設の情報	
現場到着時	(1) 要救助者、傷者の情報	
	(2) 建物関係者からの情報提示（建物情報、人的情報）	
	(3) 火炎の状況（現示旗、発煙筒、スモークマシンで現示）	
	(4) 建物構造（訓練塔に貼付などして表示）	
	(5) 活動障害の設置(障害物がある道路、壁、塀、施錠中の扉)	
	(6) 二次災害の発生（フラッシュオーバー、爆発、感電、転落、落下等）	
	(7) 消防用設備等の作動状況の提示	
	(8) 情報指揮隊、応援指揮隊、安全管理隊、その他応援要請が必要か否かの確認	
火災初期	(1) 要救助者等の情報	
	(2) 火炎の状況（現示旗、発煙筒、スモークマシンで現示）	
	(3) ホースの破断発生	
	(4) 二次災害の発生（フラッシュオーバー、壁体の落下、感電、床抜け等）	
	(5) 情報指揮隊、応援指揮隊、安全管理隊、その他応援要請の到着	
火災中期	(1) 要救助者等の情報	
	(2) 火炎の状況（現示旗、発煙筒、スモークマシンで現示）	
	(3) 二次災害の発生（フラッシュオーバー、壁体の落下、感電、床抜け等）	
	(4) 消防団の到着	
	(5) 署隊長等の到着	
	(6) 水損の発生	
火災後期	(1) 被災世帯の提示	
	(2) 火炎の状況（現示旗、発煙筒、スモークマシンで現示）	
	(3) 火災建物以外の被害確認	
	(4) 転戦可能隊の確認	
	(5) 部隊縮小の必要性の有無	
	(6) 付加情報、二次災害の発生（床抜け、転落等）	
備　考	(1) 実災害と矛盾が生じない訓練想定の作成に配意する。	
	(2) プレーヤーには、事前に訓練想定を一切知らせない。	

2 突発的な付加想定

項 目	内 容	チェック欄
前 期	(1) 出場途上における、別件火災、交通事故、救急事案等を付与する。	
	(2) 活動中ホースの破断が発生し、放水ができない。	
	(3) 踏切故障により消防隊が現着できない。	
	(4) 無線機（150MHz、400MHz）のプレストークを押下したままの隊があり、交信できない。	
	(5) 救助に着手する要救助者又は近隣住民、関係者等が日本語を話せない。	
	(6) 最先着の救急隊員が、肝炎患者の血液に暴露する。	
	(7) 急激な燃焼現象が発生する。	
	(8) 現場到着時、ハロンの消火設備が作動しているとの情報が入る。	
中 期	(1) フラッシュオーバーの予兆が発生する。	
	(2) フラッシュオーバーが発生する。	
	(3) 急激な延焼拡大又は特異な燃焼現象の兆候が発生する。	
	(4) 急激な延焼拡大又は特異な燃焼現象が発生する。	
	(5) 活動中、背後から火炎の噴出が発生する。	
	(6) 天井裏、軒裏、壁間から火炎が噴出する。	
	(7) 爆発があり、その先に要救助者が取り残されている。	
	(8) 要救助者が救出された直後、急激な体の痛みを訴える。	
	(9) 議員が「災害情報について付近住民に広報せよ」と指揮隊に強要する。	
	(10) マスコミが勝手に指揮板を撮影する。	
	(11) 落水が発生する。	
	(12) はしご車が故障し、延焼してきたベランダにはしご隊員が取り残される。	
	(13) 延焼中の建物内に隊員が取り残される。	
後 期	(1) 水損が発生する。	
	(2) 脊髄を損傷した要救助者が発生する。	
	(3) 床抜けが発生する。	
	(4) 熱中症の隊員が複数発生する。	
	(5) 壁体が落下し、多数の傷者が発生する。	
	(6) 延焼中の二次火災が発生し、現存部隊の中から転戦可能隊を選択し、出場させる。	

統制班長が行う訓練実施前の主な準備状況確認シート例

区　分	内　　　容	確認欄
統　制	コントローラーとプレーヤーは、所定の時間、場所に集合しているか（出欠の確認を行う。）。	
	コントローラーとプレーヤーの健康状態を確認したか（準備体操を実施させる。）。	
	コントローラーとプレーヤーに対し、ルールについて最終的な確認を行ったか。	
	プレーヤーは、出場位置に待機しているか。	
	コントローラー（現示担当員、関係者、要救助者、安全主任者等）の配置は完了したか。	
	応急処置、応急救護等不測の事態への対応策は準備されているか（ＡＥＤ等）。※受傷事故等発生時における対応手順は、コントローラー間で周知されているか。	
	統裁者に対し、訓練の開始、終了について確認を行ったか。	
資器材	現示旗の準備（必要本数の確認、掲示位置への配備）は完了したか。	
	現示旗とともに提示する絵、写真等は準備されているか。	
	発煙筒は、準備・配置されているか（使用済み発煙筒の扱いに配意する。）。	
	安全マットは、準備・配置されているか。	
	関係者がプレーヤーに伝達する供述書の配置は完了したか。	
	チョッキ（安全主任者、要救助者、関係者）、腕章は準備されているか。	
	使用する無線機は、充電されているか（予備電池、充電器も併せて準備する。）。	
	スモークマシンは、準備・配置されているか（発煙器油補充の準備、電源を確保したか。）。	
	統制班員とプレーヤー間の無線の通信試験を行ったか（使用する無線波は確実に周知されているか。）。	
	ストップウォッチ（放水時間等の計測用）は、準備されているか。	
	ダミーは、準備・配置されているか。	
	想定付与のための資器材は、準備されているか（指令書、トランジスターメガホン等）。	
	マイクセットは、準備されているか。※ワイヤレスマイク内の電池の容量を確認する。	
施　設	訓練場所は、開錠されているか（建物内部にも施錠されている箇所もあることから確認が必要である。）。	
	訓練塔の安全点検を実施したか（クランプの増し締めの確認、不安定な建付けの有無の確認、訓練想定外の突起物はないかなど）。	
	使用予定の消火栓は水が出るか（訓練場所の中にはモーターによる加圧式もあるので電源のオン・オフを確認する。）。	
	水利（水槽等）は充水されているか。	
	破壊活動を行う場合、交換用の資器材が準備できているか（シャッター、単管、防火戸、瓦、電線等）。	
	訓練場所のレイアウトの確認を行ったか（想定上、必要な訓練建物の現示用資器材の建付け、配置等は完了しているか。）。	

新版
訓練指導・訓練統制マニュアル
(旧書名『訓練指導マニュアル　訓練指揮者が求める実用知識』)

昭和61年7月1日	初　版　発　行
平成9年3月10日	2　訂版　発　行
平成21年7月25日	3　訂版　発　行
平成24年7月1日	4　訂版　発　行
令和3年6月10日	新　版　発　行
令和5年11月20日	新版3刷発行

監　修／東京消防庁

発　行／公益財団法人　東京連合防火協会
　　　　東京都千代田区大手町1－3－5　東京消防庁内
　　　　〒100-8119・TEL 03(3212)4010

東京法令出版株式会社

112-0002	東京都文京区小石川5丁目17番3号	03(5803)3304
534-0024	大阪市都島区東野田町1丁目17番12号	06(6355)5226
062-0902	札幌市豊平区豊平2条5丁目1番27号	011(822)8811
980-0012	仙台市青葉区錦町1丁目1番10号	022(216)5871
460-0003	名古屋市中区錦1丁目6番34号	052(218)5552
730-0005	広島市中区西白島町11番9号	082(212)0888
810-0011	福岡市中央区高砂2丁目13番22号	092(533)1588
380-8688	長野市南千歳町1005番地	

〔営業〕TEL 026(224)5411　FAX 026(224)5419
〔編集〕TEL 026(224)5412　FAX 026(224)5439
https://www.tokyo-horei.co.jp/

ISBN978-4-8090-2496-2